Tachibana
Business
Shinsyo

誰でも考えるような
事をやめたら、
会社はうまく行く。

普通じゃない経営しよう！

Revealing the
Secrets of Success
in Business
Toshu Fukami

深見東州

JN168540

TTJ・たちばな出版

本書は、平成十三年八月に弊社より発刊された
『本当に儲かる会社にする本』を再編集のうえ発行しました。

新書判のまえがき

著名なカリスマ企業経営者は、ドグマや教派にとらわれない、普遍的な神仏への信仰を持ち、それを心のよりどころにした人が多い。

出光興産創業者の出光佐三氏は、宗像大社の熱心な崇敬者で知られる。西武グループ創始者の堤康次郎氏は、箱根神社の熱心な崇敬者。〝経営の神様〟松下幸之助氏は、会社の敷地内に〝根源の社〟を建立していた。東芝の社長・会長を歴任した土光敏夫氏は、熱心な法華経崇敬者だった。また、京セラ・ＫＤＤＩ創業者の稲盛和夫氏や、協和発酵工業の創業者加藤辨三郎氏、エスエス製薬の創業者泰道照山氏も、熱心な仏教者として知られる。そして、〝Ｃａｎｏｎ〟が、〝観音〟から来ている事はあまりにも有名だ。

カリスマ経営者として知られるようになった私も、25歳で大学受験予備校を創業し、28歳で時計会社、36歳で出版社、観光会社を設立した。そして、37歳の時、海外で家具屋やヨットのマリーナ、ホテルを買収し、海外での経営を始めた。こうして、信仰に基づくチャレンジを続けたのである。今は、国内外に十数社を経営し、全てを成功させているつもりだ。

何教であるかは関係ない。普遍的な信仰に基づく、経営者のあり方を本書で紹介する。これを参考にして、自分に合った経営法を編み出し、不屈の精神力で成功して頂きたい。信念は、折れれば挫折するが、信仰に挫折はない。だから、不屈の精神力の支えになるのである。皆様の成功を、心よりお祈り申し上げます。

知の阪神　深見東州
本名　半田晴久
別名　戸渡阿見

はじめに

世の中が混迷をきわめてきた今日、経営者諸氏は、先行きをどのように見つめていらっしゃるのだろうか？

もうすでに、心血をそそいで創りあげた会社を、手放してしまった方もあるだろう。あるいは今日まで、なんとか生き延びてこれた経営者も、決して今日の状況を楽観してはいないはずだ。それほどに先が見えない時代である。

もし、どんな時代にあっても成功し、黒字を続けられるノウハウがあったなら……。絵空事ではなく、それはある。本書は、そんな必ず繁栄し続けるノウハウを、すべて私の実践を元に書き記したものである。

かく言う私も今でこそ、経営に携わってきた数社の会社を、十数年以上（平成十三年現在：編集部注）も黒字が続く会社に成功させているが、ここまでくる間には、さまざまな失敗や人に言えない苦しみを経験してきたのである。

だから、経営に携わる者として未熟だった当時の私と同じ、そんな苦しみを皆様には味わわせたくない。そういう気持ちからも、本書を書いたのだ。こんな時代、こんな状況であっても、決して負けないで、ますます皆様に繁栄していってほしい。それが私の願いである。

本書で述べる私の経営術が、経営者の皆様の繁栄への手引きとなり得れば、これ以上の喜びはない。自らの繁栄と日本国家の発展のために、大いに活躍されることを祈って、はじめの言葉にかえさせていただく。

なお、拙著『会社は小さくても黒字が続けば一流だ』（たちばなビジネス新書／たちばな出版刊）を出版して以来、短期間に実に多くの反響をいただいたことを、この場をお借りして、篤く御礼申し上げたい。

深見東州

誰でも考えるような事をやめたら、会社はうまく行く。
普通じゃない経営しよう！

もくじ

第一章　クリエイティブ経営法……15

第二章　天を動かす経営術

第三章　経営者に必要不可欠な「直感力獲得法」

第四章　社員を神がからせる……133

第五章　未来に起こる危機回避法……177

装丁：cgs
写真：アマナイメージズ

第一章　クリエイティブ経営法

求められる天人和合の経営

会社を経営していく上で、苦労せずして恵みがバッと来てうまくいったら、これほどいいことはない。ならば、いついかなるときでも、天の恵みが一〇〇パーセント必ず来るようにするにはどうしたらいいのか。これが、天人和合の経営のテーマの一つである。

もちろん、ただ神仏に祈ってさえいれば運が開けるなどと考えてもらっては困る。世の中に、そんな吉運が巡ってくることなど滅多にあるものではない。また、そんなに易々《やすやす》と巡ってきた吉運は、決して長続きはしないものだ。

これから私がお話することは、人間を超えた力、つまり、

「神様や仏様が、どうしたら自らの会社経営を応援して下さり、恵みを下さり、運が良くなるのか。そのために経営者は何を為すべきなのか」

これに尽きる。

突拍子もないことに聞こえるかもしれないが、絵空事ではない。すべて私が体験し、実践し、成功を収めていることばかりを書き記してある。

ところで、かく言う私は何者か、私の立場について少々ふれておこう。

拙著『会社は小さくても黒字が続けば一流だ』（たちばなビジネス新書／たちばな出版刊）にも書いたが、私は中小企業の経営に携わる者の一人である。煩雑な業務とスケジュールをこなしつつ、経営者諸氏と同様の辛酸を、決算期ごとになめている身である。しかし、私が世の経営者諸氏と違う点があるとすれば、それは、経営コンサルタントを兼ねていることである。

その、自らの経営体験と、コンサルタントとしての経験から私は、良い経営と悪い経営、成功する経営と失敗する経営、儲かる会社と儲からない会社について、たくさんの事例を見てきた。そこで発見した幾つかの法則性を、全国の迷える経営者の皆さんに役立てていただきたく、本書を著すことにした。もちろん、「運を良くする方法」についてもふれてある。

そう言うと、「経営と神仏がどう結びつくのか。第一、神仏のご利益などあてにできるのか」という向きもあろう。しかし、実際に結びつくし、あてにできるのである。その証拠に、こんな事実をご存じだろうか。

一流の経営者は、自らの限界を感じている……

一流の経営者と言われる人間は、全員が、この〝人間を超えた力〟を動かしていると言っても過言ではない。例えば西武鉄道の創設者であり、戦後は衆議院議長まで務めた堤康次郎氏。彼は熱心な箱根神社の氏子《うじこ》だった。

また、キヤノンの御手洗富士夫氏は熱心な仏教徒であり、社名に観音をもじってキヤノンとつけたことはあまりにも有名な話だ。

さらには、京セラの稲盛和夫氏は生長の家の熱心な信者だし、ワコールの塚本幸一氏も大本系の霊能者である倉田地久氏に師事していた。松下幸之助氏が弁天宗の熱心な信者だったこと、また自ら「根源神社」なる神社を作って朝夕拝んでいたことはあまりにも有名だ。

あげればキリがないからこの程度にしておくが、こうした経営者は皆一様に、「人間は決して万能ではない。どんなに優秀な人でも限界がある」と気づいて、人間を超えた存在、つまり神や仏の世界に心を開いて吉運、強運、繁栄運、盛運を得ている。

また、そうして当然なのである。経営者は何百何千、いや何万何十万という従業員およびその家族に対する責任を一身に背負っているのだ。その重い責任を真に感じたら、神仏に帰依しない方がおかしい。

かつてバブル経済崩壊の後遺症が根深くビジネス界に病巣を広げていたころ、なおかつ、円の為替レートが七十円台に踏み込むという苦難のときがあった（平成十三年八月時点）。限界がある人間の力だけでは会社経営はやっていけないことを、一流の経営者ほど直感的に感じていたはずである。この本を何げなく手に取ったあなたも、その一人かも知れない。

天（てん）と人（じん）とが合一し、様々な経営ノウハウと努力の上に、神仏の通力をいただいて初めて、科学では予測不可能な災いをも、未然のうちに軽々と避けられる。これからの会社経営は、それでなくてはやっていけないと言っても過言ではない。

当時、日本を取り巻く経済状況は、日増しに厳しさを加えていた。あのワールド・カンパニーの日産でさえ危機に直面するといった事態にまで至っていた。ワールド・カンパニーとも、エクセレント・カンパニーとも言われる大企業でさえこの状況だったのだ。ましてや中小企業の状況は推して知るべしであろう。たった一発の不渡り手形を食らったら即、倒産。もともとこういうリスクを背負っているのが中小企業だ。大企業のように、大きな船に乗り込んで真っ直ぐ進んでいればいいというものではない。中小企業の経営者は、大きな荒海に小さな舟で出ていかなければならないのだ。

風向きが変わったなと思ったら、すぐに舟の向きを変える。波が来たなと思ったら、また、すぐに向きを変える。敏感に反応しなければ即、沈没である。それこそ全神経を集中させて、すべてに絶えず注意していなければならないのだ。どんな荒海に出ても大丈夫だというような、大企業の論理はまったく通用しない。

だからこそ、真剣に神に祈り、神仏を求める。注意深く荒海に舟を操りながら、どうすれば社運を向上させられるのか、いかに運をつかんで会社を発展させるのか、それを知りたいという願いからに他ならない。

では、どうしたら神仏が援助して下さり、運を添えて下さるのか。焦ってはいけない。スポーツは足腰が大事だというが、神仏の援助も、まず現実面という「足腰」がしっかりしていなければ話にならない。そこで第一章では、私がコンサルティング等を通して学んだ、成功する会社・失敗する会社のあれこれについて述べてみる。自らの会社に重なる部分はないか、チェックしていただきたい。第二章では神仏が喜んであなたに加勢して下さるために絶対に必要な条件を短くまとめた。そして第三章以降が、いよいよ実践編となっているので、ご期待いただきたいと思う。

それではまず、成功者の実例に、そのポイントを学んでみよう。

元衆議院議長・原健三郎氏と西宮 戎《えびす》

私が生まれたときにお宮参りをした産土《うぶすな》神社は、忍耐を教える神様をお祀りする西宮 戎《えびす》だった。『大金運』『神社で奇跡の開運』（たちばな出版刊）にも書いたが、西宮戎さんは根気と忍耐の神様だ。

ここは、二十年単位の忍耐が開花するところである。

今は亡くなられた、元・衆議院議長の原健三郎氏は、あるとき、この西宮戎に詣でてひらめきを受け、二十年間、どんなことがあっても〝十日戎〟の日に奉納演説しようと決めたという。

そして二十三年間、どんなことがあっても〝十日戎〟の奉納演説を怠らなかったというのだ。日程的に厳しいときにはヘリコプターをチャーターしてでも奉納演説を怠らなかった。奉納演説をするためだけに二十年間、雨の日も風の日も、どんな忙しいときも一度も休むことはなかった。

その二十三年目に、原健三郎氏は衆議院議長に任じられたのだった。そのとき原健三郎氏が、この西宮戎に参拝したのは言うまでもない。そこで、普段は入れていただけない聖域なのだが、神主さんに特別に申し上げて、奥の鳥居をくぐった玉砂利の所に入れていただいた。

原健三郎氏はそこで戎さんの前に土下座をして、「戎さん、ありがとうございました。おかげ様で衆議院議長になれました。これもみんな戎さんのおかげです」と男泣きにおんおん泣きながら感謝したと言われている。

二十三年間、欠かさずに奉納演説を貫いたことが、この西宮戎の神様に通じたのである。

神社では普通、その神社の名前のついた神様、主祭神が真ん中にお祀りされているはずなのだが、西宮戎では天照大御神様の御社が真ん中にあり、向かって左手に須佐之男《すさのおの》大神様がお祀りされていて、主宰神である戎様は向かって右側にお祀りされている。

戎様は福の神。真ん中の席を天照大御神様にお譲りになって、自分は隅の方にいらっしゃるのだ。そうすることで、福は意外な所にあるという真理を教えてくださってもいるわけだ。

このように、謙虚に黙々と貫き通したときに天照大御神の輝きが行き渡り、須佐之男大神が大神力を奮って、西宮戎の大神が守護して下さる。その前提条件が二十年の根気と忍耐なのだ。

戎さんが鯛《たい》を釣ってニコニコ喜んでいる姿は「めでたい、めでたい、めでたいな」と言わんばかりだが、その本当の意味は、あれがしたい、これがしたいというろいろな〝たい〟を辛抱して、初めて「めでたい」になるということなのだ。

鯛を釣る漁師というのは、わざわざ鯛を釣りに行って釣れなくてもクサクサせずに、またニコニコと帰っていく。また行ってダメでもニコニコ帰っていく。そうやって大物を狙って根気強く釣りに挑戦し、ついに鯛が釣れたときの喜びというのが、戎さんがおっしゃっている「めでたいな」なのだ。

戎という字は本来、武器を意味している。つまり、刀と剣をわが心に置いて、じっと忍耐することの大切さを説いていらっしゃる。

また、忍耐の忍という字も、刃に心と書いて忍。だから、剣のごとく強い意志と刃のような苦しみ、痛みを内に秘めている心が忍だと言える。

「ならぬ堪忍するが堪忍」で、辛抱して辛抱して初めて、本当の「めでたいな」になる。これぞまさしく商売の極意。だからこそ、戎さんは商売の神様と言われているのだ。

しかし、二、三年の辛抱ならまだしも、二十年も「ならぬ堪忍するが堪忍」というのは並大抵のことではない。それをやってのけたからこそ原健三郎氏は衆議院議長になれた。根気と忍耐を積み重ねたときに自ら開く運というのが本当なのだ。運を求めて頑張るという姿勢では足元をすくわれる。

その二十年において忍耐を重ねていったら、天照大御神が輝き、須佐之男大神が現れ、そして西宮恵比寿がこれを大いに開花させて動かす。すなわち、福の神がご出馬されるのだ。

これはどんなに才能がない人でも、どんなに運が悪い人でも、因縁、劫《ごう》が深い人間でも同じである。二十年の根気と年期というものは、必ず福の神を動かし得るだけの宝物だ。忍耐を二十年続ければ偉大なる神を動かす。西宮戎さんは、忍耐はそのまま霊力であり、通力なのだということを教えてくださっている。

商売成功の極意は根気と忍耐だ！

「商いは牛のよだれ」と言うが、まさしく牛のよだれのように長々と耐えていく。あるいは、川の水が絶えることなきように、根気強く続けていく。「これからはこんな業種が良い」とか、「こんな業種は悪い」とか、そんな流行《はやり》すたりには関係なく、広いマーケットの誰でもが良いという鯛、これを釣るんだという根気と忍耐。

その根気のある者、忍耐のある者、継続した者、それが勝者になる。これが商いの王道であり、正攻法中の正攻法である。商いは牛のよだれ。「飽きない」がゆえに「商い」といって、根気と忍耐こそがその推進力となる。これを二十年続ける人が、商いの王道に勝利する人間になれるのだ。
これがあらゆる物事の王道でもあるし、正々堂々とした福の神の福のやり方だ。また、太陽神界の恵みを授ける福の神とはこういうものだと、教えてくださっているように思う。

松下幸之助のスゴサの秘密——三大苦難

中小企業から身を興し、ワールド・カンパニーにまで会社を育てあげた経営者のなかで最も代表的な人物が、松下電器の創業者、松下幸之助氏だろう。いったい、松下幸之助氏は、どのようにして神様を動かし、太陽神界の恵みを授かったのだろうか。

成功の要因はいろいろあるが、本人は「貧乏、病弱、無学歴。この三重苦があったからだ」と言っている。

この三つの苦しみを吉に転じて、プラスに作用させたことが松下氏の最大の強みであり、偉大なところであり、あれほどまでに成功した原因だと言われている。

松下氏は、無学歴だからこそ、立派な学歴がある人間にない奇抜な発想、既成概念にとらわれないアイデアがあった。貧乏だからこそ、ハングリーで精進が続き、感謝の心を持てた。また、貧乏だからこそ貧乏の気持ちが分かる。そこから、よりいい物をより安く作っていく根性ができた。

そして、病弱だったがゆえに、人様に頭を下げてお任せするという謙虚な姿勢ができていった。そのために、それまで世界のどこの国の経営者も考えなかったような素晴らしいシステムができたのだ。それが事業部制だった。

もし松下氏が頑強な体力に恵まれていたら、何でも自分でバリバリやらなければ気が済まなかっただろう。しかし、病弱なるがゆえに、体力がない分だけ、有能で元気な人に、「すべて、あなたにお任せします」と会社の中の一つの部門を独立採算制度の会社のようにした。

松下電器は、そういう独立採算の中小企業がいくつも集まっているという大会社である。松下氏が、病弱を友として十年、二十年貫き通したがゆえに事業部制度という新しいものを生み出せたし、その力を総じて世界有数の企業に育てることができたのだ。

今では事業部制度というのはどこの企業でも当たり前のようになっているものの、一つひとつの事業部が一つの会社のようにしてやっていくという制度を始めたのは松下氏だった。彼は病弱に負けなかっただけでなく、病弱を逆にプラスに転じたのだ。

そのとき、松下氏の大成功を支えた最大のものは何だったかと言えば、それは忍耐だった。根気と忍耐がなかったら、三重苦をプラスにすることなど到底できなかったに違いない。根気と忍耐、これが何を成すにも前提条件なのだ。

そういう忍耐を守ってくれ、開花させてくれて、忍耐できる自分を作ってくれるのが西宮の戎さんの功徳なのである。

〝十日戎〟には、すさまじく恐ろしい顔をした龍王が出ていらっしゃるが、普段の西宮戎さんには白へビのような御眷属《ごけんぞく》がいっぱいいる。根源は龍王なのだが、その白へビの粘りが福を呼ぶ財運をもたらしてくれるのである。

私が生まれたときの産土さんがこの西宮戎の神様だということは、いかに忍耐と苦を乗り越えていくか、またそれを楽しんで生きていくかということが、私に課せられていることだと思っている。

経営でも運営でも同じことだ。嵐があって動けないときもあれば、自分自身ではは本当にどうすることもできない病気のときもある。また、自分の努力だけでは解決できないときもある。

たとえば、不渡手形をもらって連鎖倒産する。バブル経済が崩壊して倒産する。支援してくれるはずの銀行が支援してくれなかったために倒産する。業績が良かったのにひょんなことで経理をやっている人間が持ち逃げ、経理に穴があいているのが分からずに資金がショートして倒産するということもある。

人間の精進努力以外の理由で会社が倒産したり、選挙に落選したり、志がうまくいかないケースはままあるものだ。そういうときには、誰でもしょげるし落ち込むし、自信をなくして絶望する。そういうとき、まずこう考えることだ。

「これは、自分をより大きく、一層強くたくましくするために、天が尊い試練をくださっているのだ」と。

因縁でもなく劫《ごう》でもない。たとえそうであってもそう考えずに、すべて神試《かむだめ》しだと思って脱皮する。こう考えることがまず大事なのであって、すべてそうとしか考えてはいけない。

すべての事は神試《かむだめ》しである

どんなにやりにくい人がいても、どんなに気に入らないやり方をされたとしても、事業環境が最悪であっても、己がどういう足跡を残すのか。神様が見ているのはここだ。

そのために、神様は揺さぶりをかける。三日後に資金を調達しなければ会社が倒産するといった荒技もしかけてくる。ときには、倒産させることもあるだろう。逆に、途方もない恵みを与えて豊かにすることもある。そのとき、その人間がどう生きるのか。これを試していらっしゃるのだ。

まさに、神様と己の魂の勝負。そういう中にあって、いかに誠を貫いて立派な足跡を残していくのか。揺さぶられても動じぬ己を作るよう、神が試しているのである。

どんな試練や難局、あるいは有頂天のときでも、常にこれが神試しであり、神様との勝負であることを忘れてはならない。そして、くじけずに、天地神明に恥じない足跡を自分なりに残していけばいい。

神道的な考え方はすべてこれだ。神の道に合っているというのはまずこういうことなのだ。これを死ぬまで貫き、己の中身をますます立派に磨いていく。ここに、すべての成功の秘訣が隠されているのだ。

そのためにも、心を苦しめてはいけない。心で負けてはダメだ。あの松下幸之助氏は、病弱、貧乏、無学歴という三重苦を吉にするために、常に明るい気持ちを持っていた。動けないときには動けないということを利用して、一歩でも二歩でも進歩しようとした。どんなに環境が苦しくても、松下幸之助氏は心では決して負けていなかったのだ。

松下氏は、病弱を友として、足りないものを友として、あれだけ成功した。そういうふうに考えれば、いかなる困難も必ずやり過ごせる。

試練なんだと思うと同時に、その困窮をもたらしたものを利用して、脱皮しジャンプするという心の明るさ、発展力。会社が潰れても、困窮しても、病弱であっても、学歴がなくても、貧乏であっても、絶対に心まで困窮させてはいけない。どんなことがあっても、心さえ明るく前向きで伸びやかだったら、災い転じて福と為すことができる。

中小企業の経営者が神がかるわけ

大手の会社には、経営陣は言うに及ばず社員に至るまで、優秀で頭のいい人材が揃っている。それを中小企業が乗り越えていこうと思うなら、普通の叡智ではとても勝てっこない。優秀な人間が考えた結論に勝っていくだけの智恵がなければ、小さい会社は勝てないのだ。

それには、天来の叡智、先天の智恵でやっていく他ない。優秀な人物が考えることを一応考えて、その上で、ひらめき、直感、工夫でそうではない何かを考え出す。こういうものを中小企業が出さなかったら、大きな会社には到底勝てはしない。

自社を零細企業から世界規模の大企業にまで大発展させた優れた経営者たちは、殆んど例外なく、そうした直感、ひらめき、予知力、運がある。

大企業の経営者の場合、所詮は雇われ社長だから、収入もだいたい決まっているし、時間も会社の規則に縛られてなかなか自由に使えない。そういう人が定年を迎えて退職すると、即座にボーッともぬけの殻のようになってしまいがちだ。

大企業の場合、すみずみまで組織化されていて、その中で働く人間はたとえ社長であれ部長であれ、結局、一つの歯車でしかないわけだ。だから、自分の分担の仕事はよくできるものの、そのことしか頭になかった人ほど、歯車の役割が終わってしまうともぬけの殻になってしまうのである。

それに、大企業の場合は鉛筆一本自由にならない。会社の備品を使う場合には、書類に書いて許可を得なければならないわけだ。ところが、中小企業の社長は、例えば従業員が使っている鉛筆を奪い取っても（？）なんら問題にはならない。つまり、時間もなにも会社に制約されていないということだ。すべて自分の自由自在にできる。これは大きい。

ところで、大企業で部長クラスだった人間が独立して自分でビジネスを始めるケースも多いが、残念ながら倒産するケースが非常に多い。

というのは、大きな会社にいた間、先ほどお話したように、単なる歯車でしかなかったからだ。

例えば財務にしても、その規模に合ったものしかできない。工業簿記とか大きなファイナンスはできても、中小企業の場合のお金のやり繰りはできない。大企業と中小企業とでは財務の内容に始まって、業務内容すべてにわたってやり方が違う。そのため、独立してもマネジメントができずに倒産に至ってしまうのだ。

特に輸出部長などをやっていた人の場合は、まずうまくいかない。

ひとくちに輸出部と言っても、それには調査部門も財務部門も関係している。調査部門は、会社が安心して付き合えるところはどこなのかを、いろいろな信用調査機関を使って分析する。また、資金は資金で財務が調達するという具合だ。そういうチームで輸出という一つの業務を遂行しているのが大企業だ。

ところが、いったん独立したとたん、調査は自分でやらなければならないし、お金もすべて自分で動かさなければならない。従業員にしても自分で探さなければならない。そういう中小企業の苦労を、まざまざと知らされることになる。

実際、中小企業の経営者は、販売、財務、労務管理、資金調達、税金対策、お掃除までも自分でやらなければならないため、細かいところまで全部できる人が多い。

しかも、大企業の人材と言えば、エリートコースを勝ち残って入ってきた優秀なスタッフばかり。こっちが何も言わなくてもすべて分かっていて、最初から最後まで一人でやれる。

ところが、中小企業に集まってくる人材は、殆どがエリートコースからこぼれてしまった人間たちだ。こまごまと指示を与えなければ何もできないし、手取り足取り教えてもできないことも少なくない。

大企業にいた頃にはまるでお目にかかれなかったような、こういうスタッフを抱えなければならないのだ。よほど気持ちを入れ換えなければ、大企業からの独立組は成功できないというのも当然だろう。

一方、中小企業の経営者は、そういうやりにくい人材に頭をかかえつつも、「まあ、しょうがないか。来てくれるだけでもいい」と忍耐して、グーッとこらえて笑顔でやっていける。同時に、ときには魑魅魍魎《ちみもうりょう》のような従業員を雷の如く叱りつけ、強引に教育し直すだけのパワーもある。そうしなければ、たちまち倒産の危機が迫ってきてしまうからだ。

ところが、大企業からの独立組には、できの悪い従業員を叱りつけ、怒鳴りつけるだけの強さ、パワーがない。そのために、従業員が間違ったことをしているのを途中で押さえられない。不渡りを食らわされたときはすでに、とき遅し。会社は倒産、家も財産もすべて取られて丸裸にされてしまう。私の知り合いにも、こんな地獄に叩き落とされた元大企業の部長がいた。やはり、中小企業の経営者の方がパワフルなのである。

現実は善意だけでは通らない

私は昔、大本教という宗教にかかわっていたことがある。当時、高原君という関西大学の学生と知り合った。彼は御神業《ごしんぎよう》(修業)や自然食の事を熱心に学ぶ良い信者で、学校の成績も優秀だった。

さて、その高原君が大学を卒業した時、就職先として選んだのは自然食品の販売会社だった。

会社と呼ぶにはお粗末なほど小さなところだったが、彼自身は「大本教で学んだ事を生かして、世の為人の為になる事がしたい」と熱意に燃えて仕事に打ち込んでいたようだ。支部にも足繁くやって来ては、自然食品の有効性を他の信者に説いていた。

それが三〜四年ほど続いただろうか。あれほど熱心だった高原君の姿をパッタリと見かけなくなってしまった。まだ大学生だった私は不審に思い消息を尋ねると、

「あぁ、彼はあの会社を辞めて、親戚の仕事を手伝ってるらしいよ」

という答えが返ってきた。

伝え聞いた話によると、その自然食品の会社は資本もしっかりしていない、いい加減なもので、高原君がどんなに頑張っても生活できるだけの給料さえ出なかったのだという。結局、高原君は熱意だけでは仕事を続けられなくなり、転職せざるを得なかったのだという。

それを聞いた時、私はこう思った。

「どんなに心が純で、世の為人の為にという気持ちがあっても、それだけでは駄目だ。やはり社会性がなければ、世の為人の為に生きるなんてできないし、それどころか自分の事さえままならなくなってしまう」

ちょうど同じ時期に、こんな話もあった。大学時代、私は何十人もの友人を大本教に導いていた。私が「実はこういうのをやっていてね」と教えると、彼らは

一様に「君の超人的な頑張りの秘密はこれだったのか！」と驚き、それから一生懸命来るようになったのだった。

その中の一人に山本君という青年がいた。彼はその年卒業で、テープで有名なN社に就職が決まっていたのだが、その彼に支部長が、

「山本君、一緒に会社をやりませんか。これは教団の為、ひいては神様の為になる立派な仕事ですよ」と誘ってきた。当時、支部長の息子と妹とで会社をやっていたのだ。

志はいいかもしれない。神様の為になるかもしれない。しかし、どこまでも神一筋という人間がやるのならばともかく、山本君は入ったばかりで、神様の事さえよく分からないのだ。私は猛反対した。

「せっかく連れてきた僕の友達に、いきなりそんなことを言わないでください。彼はこれからN社に就職して頑張ろうとしているところなのですから」と。

もちろん山本君がその会社で何年か仕事をして、それからまた次の会社に移ってというように考えているのならば話は別だ。しかし、それでも大学を卒業して、これからという人間に持ちかける話ではない。

結局、山本君は当初の予定通りN社に就職し、ずっと勤めていくことになった。一方、会社をやっていた支部長の息子は、それからしばらくして心臓を患って三十代で亡くなった。

不遜な話だが、私はこれを聞いた時、やはり山本君のためにはこれで良かったんだと思わずにはいられなかった。

神様事をしている人間が、世の為人の為に役に立ちたいと思うのは当然だ。しかし、その気持ちさえあれば社会性や社会的常識を無視していいというものではない。

ここに神様事をやる人間が陥りやすい落とし穴がある。自然食は皆の健康にいいからと仕事にする。

あるいは、これからは公害防止のために役立つ仕事がいい。これぞ世の為人の為になる仕事だと手を出すと危ない。脳波を良くする機械、水をきれいにする機械、身体を浄化する菜食等々、これらの、要するに霊的で神がかった要素のある分野は、どれも危ない。

もちろん、それでも経営基盤がきちんとしていて、経営内容も良く収益性も上がっていて、なおかつビジネスとして成り立つだけのマーケットがあるならば問題はないだろう。しかし、宗教的理念が先に立っている仕事というのは、たいていそうした現実面が欠落している。はっきり言えば、いい加減だ。だから危ないのだ。

世の為人の為とは、従業員を幸せにすることが第一

会社経営にとって最も大切なことは何か。これはドラッカーの経営論に出てくる「マネジメント　イズ　レスポンシビリティ、マネジメント　イズ　プラクティス」に尽きるだろう。つまり、マネジメントとは責任なのだ。

第二章で詳しく述べるが、経営者にとっての「世の為人の為」とは、抱えている従業員を幸せにすることが第一だ。

それから取引先。特に仕入先には、自分の会社が倒産して不渡りを出したら、どれだけ恨まれることか。そんな時でも誠意を見せて「すいません、すいません」と言いながら少しずつでも返していく。それでも納得はしないだろうが、誠

意は伝わるはずだ。「待ちましょう」と言ってくれるかもしれない。しかし、その最低の誠意すらないと結局は恨みを買い、手形はあちこちに渡り、危ない人たちが出てきてしまう。そんなことになれば、どれだけ家族や従業員が苦しむか。

つまり、経営者に必要なのは会社を倒産させないように、「ゴーイング・コンサーン」で利益を上げていくことだ。従業員と、その家族を幸せにし、仕入先、販売先の幸せも考える。もちろん自分の家族も幸せにする。少なくとも経済的負担をかけず、危機をもたらさない。これが世の為人の為の第一歩だ。

ただ、その事業内容がソープランド経営であったり、ＰＣＢを社会に撒き散らすような公害をもたらす内容であるなど、社会に害毒をもたらすようなものであると、何の使命感も湧いてこないし、社内のモラルもあったものではない。やはり大事なのは、別段神がかったようなものでなくていいから、最低限「自分は人様の役に立っているんだ。これが社会の為なのだ」と思える仕事であることだ。この熱意が事業を続ける上での活力源となるのだから。

そして、最も重要なのが、会社の採算性だ。最終的には株主に配当できるようでなければならない。日本の場合はオーナー経営者が多いため、配当に回すよりも内部留保が好まれるのは仕方がないが、それでも上場企業であれば株主への配当を考えるのが社会的責任であり、マネジメントの責任だ。

たとえ神様事から出てくる仕事であっても、その神業的意義の前に、この社会的責任を考えなければならない。特に新しいビジネスを始めようという場合は重要だ。採算性やマーケットの問題をクリアしてこそビジネスとして成り立つのだから。

そもそも、「世の為人の為」と言うが、どんな仕事であれ生産活動の一端を担っている仕事であれば、社会の役には立っているのだ。つまるところ会社とは、収益が上がれば、それで社会的責任の半分以上はクリアしているのだ。

このような考え方を持たず、宗教的理念や社会的正義感、道徳観、倫理観などだけではビジネスは成立しない。殆ど失敗に終わると言っても過言ではないだろう。宗教的情熱だけでは、経営者としての分析が甘くなってしまうのだ。マーケットは？　先発メーカーは？　採算性は？　そういった事をシビアに把握しないでビジネスはできない。「世の為人の為」という言葉に舞い上がってしまっていてはダメだ。

宗教的理念で始めた事業や、大きなマーケットを創出するほどの特許に基づく事業は、一見おいしそうに見えても、常にそうした危険を伴うのだ。しかし、こうした失敗談は枚挙にいとまがないし、私自身も他人の悲惨な末路を数多く見ている。これは、本業にエネルギーと力と想いが行かなかった分だけ、本業に穴をあけてしまうからに他ならない。

本人は「世の為人の為」と努力しているつもりで、自分が関与する世と人を犠牲にしているのだ。売上が落ちれば従業員にボーナスも出せない。従業員の家族、仕入先、自分の家族、そのすべてに悪影響を及ぼしてしまう。結果、経営者として何よりも大事な責任を果たすことができなくなる。これは、経営者として取り返しのつかない事態を招きかねない。

神霊界ならば一足飛びにパッパッと想念を切り替えられるし、発想やひらめきが重要だが、現実界は一歩一歩進んで行くしかない。数値がすべての世界だ。

社会的な引き立てを受けるためだけでも、気の遠くなるような時間と年月と年齢を必要とするのだ。信用調査一つにしても、社歴三年未満では会社として認められない。どんなに売上と利益があっても銀行は金を貸してくれないのだ。

神様の世界や、夢と希望とロマンに生きている人間が、それと会社経営を両立させようと思ったら、まずそこを念頭に入れておかなければ危険だ。いかに神様と言えど、最終的には現実の事象として現れる。神様が付いているからといって決して安全でいられるわけではないのだ。

だからこそ私はこうしたことを伝えたいのだ。不況な時代であればあるほど、あれこれ手を出したくなる心情は分からなくもない。しかし、こんな時代だからこそ自らの足元を見直し、城を固めるべきなのだ。

まずはマーケットがセグメント化された、大企業が手を出してこない分野で、その周辺のノウハウと周辺特許をいくつも持って、そこで業績を伸ばしていくのが一番確実であろう。

二極構造

かつて経済学部で、国際金融論を学んだ時の話だ。そのとき、ミュルダール（スウェーデンの経済学者。ノーベル経済学賞受賞：編集部注）の『チャレンジ

トゥー　ポバティ』（貧困への挑戦）という本の中に、「世界の経済は、富める者はますます富み、貧しきものはますます貧しくなっていく」とあった。

南北問題にしても、北側はますます豊かになっていき、南側はますます貧しくなって差が開く。よって、北側の先進国は無償で南側に経済援助をしなさいということがミュルダールの『貧困への挑戦』の結論である。

そういう構造が、今の日本にもあって、大きいものはますます大きく、小さいものはますます小さくなっていく。つまり、大きなところの独占状態と、小さいところが小さいまま生き残っていくという二極構造だ。小さい会社と大きな会社の二極分解が起きているわけだ。

私が関係している予備校業界に話を戻して言うと、代々木ゼミナール、河合塾、駿台、早稲田予備校が市場を殆ど押さえ、寡占状態にある。また、小さいものはますます小さくなっていき、小さいところがまた繁盛している。

だが、真ん中ぐらいの規模になると中途半端になり、経済及び流通が二極化され真ん中が潰れるのである。関東だとA予備校、B学園、Cセミナーなど有名なところが幾つも潰れそうになっている。我がライバルであるDスクールも不渡りを出したという。

商工リサーチの常務さんが興味深いことを言っていた。だいたい倒産する会社というのは、従業員が六十人前後の規模が多いというのである。ゼロからスタートして順調に成長していって従業員が六十人ぐらい。これぐらいの規模になったときに、一番倒産する危険が高いというのである。

なぜかというと、小さいうちは小さいなりに一生懸命努力をするからサービスが行き届くし、そのおかげで仕事がいただける。ところが中途半端に大きくなってくると、これができない。隅々まで管理ができなくなってしまうのだ。

こうなると取引先は、ならば、そんなサービスのところより、もっと隅々までやってくれるところに頼もうと逃げて行ってしまう。結局、もっと小さいところに仕事が行くというわけだ。

逆に、大きいところには、大きいところでなくてはできないような技術やデザイン、価格というメリットがあり、中途半端なところはますます仕事が来なくなってしまう。要するに、ダントツに大きいものか、細やかにやってくれる小さいところがいいわけで、中途半端な規模の会社はライバルに追い越され、業績が伸びなくなって倒産していく。

小さいなら小さいなりに、二十人か三十人にして、細やかなやり方で収益が上がるようにやり方を考えていけば成功するのだ。大にもなれず、小にもなりきれないで、真ん中でうろうろしているのが一番危ない。

この予備校業界に私たちは後から参入したが、少人数制予備校の分野では相当の成功を収めている。大きいところは大きいところで大分でき上がっているが、小さいところは小さいところでそれなりにやれるのだ。中小企業の場合は、規模よりも質の特色を打ち出しているところが生き残っているということである。

マーケット・セグメンテーション

大にもならず、小にもならず、真ん中ぐらいで中途半端に潰れていくという二重構造の中で、例外的に考えられるのは、専門店志向、マーケット・セグメンテーションで特色を出していくというやり方だ。この世界で中小企業が成功するためにはマーケット・セグメンテーション、即ち、市場を細分化して、その一分野でのトップを目指すしかない。

たとえば、電気冷蔵庫をすべて作るのではなく、製氷皿に関する特許とノウハウをいくつも持つ。その分野だけに絞れば、いくらでも細やかなサービスと技術が行き届く。これでは「真似した電器《マネシタデンキ》」でも真似できない。製氷皿の部分の特許や周辺特許、ノウハウなどを買うしかなくなる。そして製氷皿の部分での日本一になる。これがマーケット・セグメンテーションだ。

この手法をとっている中小企業は間違いなく成功している。大手もそこまで参入しても採算がとれないからそのメーカーから買うのだ。これが、大きなマーケットの商品で勝負すれば、負けは目に見えている。

やはり、マーケット・サイズと自分の資本力、人材、経験などとを照らし合わせなければならない。何百億、何千億、何兆円も動かす会社に、銀行から五千万円借りるのに四苦八苦している会社が太刀打ちできるはずはないのだ。中小企業は決してそのような分野に進出すべきではない。

ところが、発明特許を売り込みに来る人は、そんな事は言わない。あくまで甘い言葉で経営者に擦り寄って来る。

「これが世の為人の為に役立つんだ。これをやれば公害問題は解決されるんだ。癌も治ってしまうんだ。医療問題も解決するんだ」などと言ってくる。だが、これに乗ってしまっては、会社は一〇〇%倒産する。騙されないぞ、負けないぞと思って、絶対に引っ掛からないようにしなければならないのである。なぜなのか。それを次に詳述しよう。

ヒット商品が出た後は要注意!

会社が倒産する一番の原因は放漫経営、それから特許製品だ。ヒット商品が一つ出る。バーンと売れる。すると「売れるぞ、見込みがあるぞ」というので人を採用する。場所を借りる。設備投資をする。夢と希望に燃える。

しかし、商品にはライフサイクルがある。売れ時は長くて三年続けばいいほうだ。最近では三カ月で商品ライフサイクルが終わる場合もある。一時はいくらヒットしたものでも、売れなくなる時がくる。その時、資金繰りをどうするか。

利益を上げると、税金を払わなくてはならない。税金を払うと次には予定納税がある。その期の税金を半年前に払わねばならなくなる。

つまり、ヒット商品を出したがために、資金繰りが逼迫《ひっぱく》するわけだ。急な成長は資金を必要とする。銀行から短期の借り入れ、そして回転。夢と希望に燃えているが、税金までは手が回らない。結果、また銀行から借りるか、「すいません。物納します」、あるいは「分割にしてください」という話になる。それでも税金はキャッシュで払わなければならない。固定費の上昇は言うまでもない。

その上、商品寿命が尽きてきたらどうなる。売上が二割落ちたら、利益は半分。三割落ちたら、利益など吹っ飛んでしまう。次のヒット商品を見つけられなければ、一発屋として倒産してしまうことになる。

この典型がエレンスパック。あの美顔器はブームになり、大量に売れた。しかし、結局はあれ一つで次のヒットを出せずに潰れてしまった。

逆に、これを上手に利用しているのが通販の二光（現西友リテールサポート）や日本文化センター。特に二光は、いくら商品がヒットしても、ある一定量を越えたらそれ以上売らないというスタンスを取っている。

資金繰りを圧迫するので、一つの商品に執着するようなことはしない。その代わり、売れ筋商品をコンスタントに開発していくための商品研究に力を入れている。だからこそあれだけ安定した経営ができるのだ。このあたりのことは、拙著『会社は小さくても黒字が続けば一流だ』（たちばなビジネス新書／たちばな出版刊）を参照されたい。

さほどに特許製品は怖いビジネスである。ヒットの次に何が来るのかを冷静に分析する必要がある。経営者の実践に基づく知恵が試されると言っても過言ではないだろう。これができない人間が手を出しても、倒産してしまうのがオチだ。

それでも特許製品を扱うというのであれば、用心に用心を重ね、眉に唾をつけながら取り組まなければならない。製品も一つではなく、複数用意する。例えば目玉商品が防災関係の品であれば、それに類するシリーズをいくつも用意する必要がある。これはつまり商品寿命を把握することを意味する。

同業他社のライバル製品も考慮に入れる必要があるだろう。大きなマーケットであるほど大手資本が参入してくる。あとは経済の法則に従い、過当競争が起こる。その結果、値段が安く、品質が良く、サービスのいい会社が残る。安直な経営で企業努力を怠ると、いかに黒字と言えど、いつの間にか四面楚歌になり倒産の危機に直面することになるのである。

特許製品の販売には要注意！

特許を取る人はすべからく夢と希望に燃えているものだ。自分の発明は世界で最高だと思っている。

私の知り合いにも自動米俵編み機や、玄米から作る健康ドリンクなどを発明した人がいる。

彼は何百という特許を持っているにもかかわらず、それをビジネス化した事業はことごとく失敗している。それほどに特許製品の販売は難しいし、危険きわまりないものである。

素晴らしい発明や特許であるほど、「これがあればすべての問題は解決する、これはオールマイティだ」と信じ込みがちだ。そういう人はゴマンといる。だが、絶対これに引っ掛かってはいけない。

なぜなら、素晴らしい発明特許であればあるほど、それが社会に出るまで、マーケットに乗るまでの間に何回も実験しなければならない。実用化し、製品化し、さらにマーケティングを済ませて販売にこぎつけるまでには何年もかかる。当然、莫大な資金が必要だ。とても中小企業では賄いきれない。金が出ていく一方の上、そのプロジェクトが動いている間、本来の仕事に手が回らなくなるのは目に見えている。

たとえ実用化のめどがついても、それを製品化するには、やはり膨大な資金が必要だ。さらには、その発明品が大きなマーケットで生きるものであればあるほど、大資本が狙ってくる。商社、メーカーなどは資金力、宣伝力、政治力、優秀な人材、あらゆるパワーを使って進出してくる。アンダーグラウンドからも、商権を狙って殴り込みがかかるかもしれない。特許から微妙に外れるところで参入してくるだろう。

これでは中小企業はひとたまりもない。いよいよビジネスが始まり、投資した分を回収できると思った矢先にすべてがダメになってしまう。たとえ事業化に成功しても、大きなマーケットでは大企業にはかなわない。自分がどれだけの資本、人材、政治力を動かせるのかを冷静に考えなければならない。決して夢と希望だけではやっていけない世界なのだ。

例えば電気冷蔵庫。中小企業がどんなにいい製品を作っても、大手メーカーが「これは商売になる」と思ったら、すぐに取り上げられてしまう。より素晴らしい宣伝力と優秀な研究室、パワーのある販売網を使って、アッという間に特許の裏をくぐって、より安く優秀な製品を作って、大量にさばいていく。これまで、どれだけの会社がこれに泣かされてきたことか。

例えばコンピューター。かつて、小さなメーカーが、「これからはコンピューターの時代だ」と大きなマーケットに出ていった。しかし、コンピューター産業が成熟してくると、すべて大手の参入によって倒産の憂き目をみている。ハードもソフトも、全部大手にとられてしまった。

既成概念にとらわれるな

企業を経営する上で、もう一つ、大変重要なポイントがある。それは、既成概念にとらわれない、新しい発想を持つということである。だが人は、既にワンパターン化してしまった自分自身の行動、考えからなかなか脱却することはできないものだ。日本人は特にこの傾向が強い。

食生活を考えてみると分かりやすい。たとえば、友達や知り合いに「いいお店がある」と連れて行かれたとする。その店の味がおいしいと気に入ると、そこを行きつけにしてしまう人が非常に多い。

そして何度行っても「前にこれを食べたらおいしかったから」と同じメニューを頼む。それが一つの「習性」にすらなっている。

飲食店経営の側から見ればこれほど嬉しいことはない。常連を作ることが商売の繁盛につながるからだ。

だが、経営者は絶対にそんなワンパターンの行動に納まってしまってはいけないのである。昼食、夕食などは絶対同じ店には行かないという発想が必要だ。

例えば東京の西荻窪を攻めてみようと決めるとする。まず、感じの良さそうな店を探す。のれんが汚れている、客がたくさん入っているなどの店だ。

そして店に入ったらまず「一番人気のメニューは何ですか」と聞いてみる。もし五人で行っていれば、勧められたものが四種類なら四種類全部頼む。中華料理のように皆で少しずつ全部食べれば、全部味わうことができるはずだ。

お店の人がお勧めを教えてくれない場合は、客が何を食べているかを観察する。たくさんの人が注文するということは、そのメニューが一番おいしいということだからだ。他の人が頼んでいて気になる物も注文してみる。とにかくメニュー全部を調べるのだ。

そうやって注文したメニューを食べながら、これが一番おいしいからこの店の一番はこれだと見極め、もし三種類の料理が気に入れば、次に来た時はこの三種類を食べればいいんだなと把握する。自分なりの技の見切りをするのだ。

それができれば、その店にはいつ行っても大丈夫だというふうになる。そして、次の昼食には、また違う店に行く。常に面白そうだと自分のアンテナに引っ掛かる所に飛び込んで、絶えず新しい味との出会いを求めることが大切なのだ。

いつも出前しか頼まない、という人でも考え方は同じだ。例えばうなぎなら、周辺のうなぎ屋をすべて電話帳で調べて、毎回会社に近い所から順にすべて食べてみる。それで、味、量、値段を比べて、ここは値段が高いけれどおいしいとなれば、大切なお客様にはそこのうなぎを出そうと考えるのだ。

東京・西荻窪には宮川といううなぎ屋がある。そこのカツ重は千五百円もするが、この味は絶品である。同じ西荻窪のY屋というカツ重は七百円で、この値段が相場。味はそこそこである。だからお客様が来た時は宮川で注文しておいしいうなぎを食べていただき、普段は予算を考えてY屋で、とケースによって頼む店を変えることができる。

しかしY屋ばかりではいつまでも舌が洗練されないから、たまには宮川の千五百円のカツ重を味わってごらんと、私は部下に勧めている。予算オーバーなら次の日はおにぎりにすればいい。予算の枠内でも、おいしい味の体験はできるのである。要は、絶えずおいしいものを求める気持ちがあるかないかなのだ。

さらに研究、そして研究

それは、どこかに行く時でも常に同じだ。車で遠出をするにしても、サービスエリア（SA）ごとにどこがおいしいかを把握する。

東名道なら、富士川SAのタンメンがおいしい、マーボー豆腐はだしが薄いから駄目。養老SAに行けばおいしい屋台村風のお店。関東なら足柄SAの森永食堂。三ヶ日SAなら三ヶ日ミカンと自動販売機でしか売っていない東海牛乳。浜名湖SAならアサリの入っている浜名湖ラーメン、それにウナギパイとウナギの骨のフライ。

東京と大阪の間のSAを一つ飛ばしで寄って、帰りはその飛ばした所に寄ってみるぐらいのことをしてみよう。どこにどんな名物があるか、楽にマスターすることができるのだ。

飲みに行く時や接待に使う店だって、ジャンル別に使い分ける。若い子のいるお店、美人がいるお店、サービスのいいお店、三拍子揃っているお店、四拍子揃っているお店、値段は高いけれどいいお店、安くていいお店。三十店くらいのレパートリーは絶対に必要だ。

その人といれば夜はどこへ行っても楽しいし、面白いし、ご飯を食べてもおいしいとなれば、自然に接触する回数も増えるし、商売の話ができるチャンスも多くなる。本当にちょっとした心構えを持つだけで、自分の観念を破っていくことができる。

とにかく情報通になること。女極道とか、女遊びとか、酒飲みなんかは度が過ぎれば大きな問題になることもあるし、人が顔をしかめるけれども、食道楽は肥満か糖尿病以外は大して問題にはならない。

飲食店一つとっても、「たまたま」入る、そしてそこに居座るようになる、ということをしていると中小企業はもう勝ち残って行くことはできない。会社の経営者なら、情報の先端を行き、新しいものを見出し、発見し、クリエイティブに物事を考えていくべきなのである。

情報にまどわされるな！

私はいくつもの会社に携わっているが、その中に時計の会社がある。セイコー、シチズンのディーラーであるとともに、オリジナルの時計を一〇〇〇種類あまり扱っているのだが、この会社が、創設十年目にファッション時計の分野で売上トップになった。

もちろん、すべてが順調にきたわけではない。一番厄介だったのが「飽き」だった。

創業から三年ぐらいは、それこそ脇目もふらずにやっていたのだが、三年、四年、五年と、来る日も来る日も時計を見て修理をしていると、従業員も飽きがくる。

売上が上がり、利益率が上がっているうちは「この商売はいいなあ」と思うのだが、売上もなかなか上がらず利益率も良くないということになってくると、他の業種に変えた方がいいんじゃないかというムードが社内に広がった。

折しも、円高で輸出産業が大打撃を受けた時期。時計業界も危機に直面して、天下のセイコーでさえ輸出が大不振になってしまっていた。とにかく、年間一億個ぐらい時計を作っていたのが、前年度比九九パーセント減。つまり、前年度に一億個売っていたとすれば九九〇〇万個ぐらいが売れ残ってしまった計算である。シチズンも、オリエントも、カシオも同じような惨状だった。

マスコミも、すわ一大事と、もはや時計業界は風前の灯のような記事を書く。当然、業界もそういうものだと暗いムードに包まれた。マスコミが書き立てれば書き立てるほど、わが社の内部にも厭戦気分が横溢し始めたのだった。

そしてあるとき、従業員が「もうこれからは時計の時代ではない。何か他のことをやらなければ」と言い出したのだ。

私はその瞬間に活を入れた。

「君ねえ、セイコー社が一億個を作って九九〇〇万個売れ残ったというが、わが社は従業員何人なんだ！　四人か五人の人間が月々に食っていくためには、いくら売り上げればいいんだね。一〇〇〇万円か二〇〇〇万円か、多くても三〇〇〇万円だろう。それだけあればわが社は大丈夫だ。これだけの人間がやっていくのに、月次決算が毎月黒字を出していればいい。この給料と家賃が払えて資金繰りができるだけの月々の売上げがあれば、十分にやっていける。わずか数名の小さな会社が毎月やっていけるだけの時計ぐらい、どんな不況のときでもみんな売れる。そんなことを言うもんじゃない！」

たとえばファッション業界でも、かつて「これからは繊維の時代ではない」と言われた繊維不況の時代があった。食べ物にしても、これからはもう過当競争で外食産業がダメになると言われた時期があった。しかし、衣食住に関するものというのは必需品である。必需品ならば、人はどんな不況のときでも買う。時計もそうだ。時計がなければ生活ができないではないか。

マーケットは限りなく広いのだ。たとえば、アデランスというカツラ。身の回りにアデランスをつけている人間が何人いるだろうか、おそらくごく少ないかゼロだろう。また、運送会社で初めてテレビ宣伝をしたということで一挙に有名になった「0123」のアート引越センターにしても然り。ご近所で、自分の周囲のなかで、この運送会社を利用したという人間が、いったい何人いるだろうか。おそらくごく少ないかゼロだと思う。

しかし、アデランスもアート引越センターも超優良企業である。なぜか。それは彼らが相手にしているマーケットは、海のように広いからに他ならない。それだけマーケットというのは大きく、需要というのは広いということである。

だから、いくら新聞で「この業界は不況だ」とか、「何々という会社は前年比何十パーセントダウンだ」とか騒いでも、この広大なマーケットからすれば全然問題ではない。

大企業なら、それだけの固定費と維持費と管理費がかかるわけだから、前年比何十パーセント減という事態は痛い。しかし、中小企業のコストは知れている。

どんな不況であっても、一生懸命努力して、自分の会社が月々、月次決算で黒字が出るだけの売上と利益率を確保すればいいのだ。その営業の努力を積み重ね、粗利が取れるだけのコストダウンをしていく努力を一生懸命していれば、繁栄するし繁盛するし、自分の会社を黒字にもっていくことができる。

マーケットは無限に広い——海は広いな大きいな

新聞の情報とか、銀行さんから聞いた話、証券会社の言うことはまったく無視してよい。殆どの場合、実態は違うのに、そういうものを聞いて誤った判断をしてしまう。これを、私は「悪しきマーケティング論」と言っている。

それより、地道に足下を見つめて継続していくことだ。中小企業の場合、五年、十年と継続していくと、それだけ経営基盤がしっかりしてくる。するとどうなるか。例えば一カ月に一つ新しいお客さんを開拓すると、年間十二件になる。十年やると百二十件。ちょっとした取引先があればこれで十分に採算がとれる。それどころか大繁盛だ。特に従業員十人までの会社なら絶対にできる。

私たちの場合もそうだった。時計は不況業種と言われていたなかで、十一年間、苦労してお客を開拓してきた。その間、他が根気をなくして危なくなったり倒産するようになった。すると、「お宅はしっかりした会社ですから」と、お客様の方から言ってくださるようになった。そうしてどんどん増えて行ったのだ。

一生懸命守る努力をし、開拓する努力をしていれば、ライバルや他社が息切れして潰れていくのだ。己の飽きとの戦い、従業員の飽きとの戦い、これを投げてはダメなのである。また、マスコミなどによって思い込まされている思い込みの観念も壊していかなければダメだ。

特に衣食住に関するもの、必需品に関するものというのは、ライバルは多いが、ニーズも多い。人の何倍も努力をしていけば必ず成功する。それを怠ったまま、業界のせいにしてはいけない。

「海は広いな大きいな、マーケットは広いな大きいな」

中小企業の経営者は、マスコミや大手の言うような情報に騙されないで、現実をありのまま見て、努力を重ね、収益を上げてもらいたいと思う。

私が、時計業界の斜陽期に時計の会社を始めた理由

そもそも、時計の会社を始めたときは、「時計産業はもうだめだ」と言われ、実際にばたばたと業者が倒産した時期だった。

斜陽期だからこそ、何倍も努力して何倍も研究した。その努力と研究した分が、経営していく技術というものに置き換えられていく。その結果、景気が良くなったら一気に大きくなるのだ。

初めに好況な業界で調子よくスイスイ行ったところは、甘い技術でも渡っていけるから、こんなものかと思って研究を怠る。当然、経済の法則でマーケットが成熟してきたら淘汰される。淘汰されていくのは、二極化されたマーケットのなかでどっちにもつかずにウロウロしている真ん中の企業である。小さいならば、小さいなりに月次黒字を毎月出していけば生き残れる。

会社を経営していくには、人を使う技術、銀行から金を借りる技術、労務管理、財務管理、資金調達、販売管理……と様々な要素があるが、これらは煎じ詰めれば、すべて単なる技術である。このあたりは拙著『会社は小さくても黒字が続け

ば一流だ』（たちばなビジネス新書／たちばな出版刊）に詳しいが、その技術を人の何倍も研究した。決して喜びでやるわけではない。それが神業だと思うからやったのだ。

時計をやっているうちに飽きがきたとき、私は何度も「神様がこれをせよとおっしゃっているのだから」と自分に言い聞かせた。今置かれているこの環境こそが御神意なのである。神様が「これをせよ」と与えてくださったものは間違いはない。そう信じてやり続けた。

その結果、努力と苦労の甲斐あってある程度成功して、面白くなったころに、神様はこうおっしゃるのだ。

「それはもういい。次はこの分野をやりなさい」と。こんなに調子が出てきたのに、これからなのに、と思うときに次をやらされるのである。

むごいようだが、しかしこれは勉強なのだ。一つの分野で、一般のレベルをはるかに超えるところまで磨かされる。そこまで到達して初めて、「もう、このことはよろしかろう」と次へ行く。そうやって、多角的な見方と能力を身につけさせてくださるのだ。

無論、行き詰まったから他のところへ行こうなどというのは、神様が許さない。成功もしないで次の分野に行くのは、逃げていることだからだ（ただし、読者諸氏の中には、誤った事業に手を出して完全に行き詰ってしまったり、このまま仕事を続けても改善の見込みがまったくないという方もあろう。八方手を尽くしてダメなら、業種転換をするしかないわけだが、その場合は前著『会社は小さくても黒字が続けば一流だ』を参照されたい）。

私の場合には、成功するまで神様は許してくださらない。こうして、一つひとつプロセスを極めた足跡が、幾つも積み重なっていくうちに、神人合一の経営ができてくるようになるからである。

ともあれ、この「今置かれている環境が御神意」というのは、誰にとっても同じである。神様を信じて生きるという姿勢が真に確立していれば、仕事の中における自己満足がないなど不平、不満は言わないはずだ。もちろん、不幸でもないし悲しみでもない。なぜなら、今の仕事は神様が「お前の成長のために、これが必要だ」ということで与えられているものであり、それをすることが喜びだからだ。

だからこそ、少しばかり成功しても、それを鼻にかけたり堕落したりすることなく、神を忘れない謙虚さがある。だからこそ、さらに成功していけるし、単なる仕事よりも大切なものにも心が向かい続ける。

人間は仕事をするために生まれてきたのではない。人生の第一義は、御魂《みたま》を磨くことにあるのだ。魂を進歩向上させるということと、人々を救済して徳を積むということ。そのために私たちは肉体を持って生まれてきたのである。それ以外の事柄は、すべて、遊びだと言ってもいい。仕事も会社もゲームなのだ。成功すれば、そこから得るものがある。失敗しても、そこから得るものがある。その得たものを人間的魅力とし、心の教養として、また次の目標に立ち向かって行く。この境地に立てば、人生に「失敗」はない。失敗も成功も、すべて「成功」である。松下氏は「私は失敗したことがない」とおっしゃったが、すべてが最後に成功するための糧であったなら、まさにその通りであろう。そして、こうした前向きな経営者には、神様が次々に応援し始める。だから、成功と失敗のバランスシートは、やがて成功の方が大きくなっていくのだ。

神の道に生き、御魂を磨くという人生の本質に目覚めた人は、そういう人生の価値観を持っているものである。その気持ちになった時、会社経営のどんな苦しみにも雄々しく立ち向かえる成熟した人間、成熟した経営者になれることだろう。

いったん始めたら成功するまで絶対に逃げない

いったん会社をつくると、まず資金繰りの苦労に直面する。

まず、従業員の給料を払わなければならないし、銀行からの借入を返済計画にしたがって返さなければならない。これができないと、たちまち銀行の信用を失ってしまうことになる。また、利益が上がれば上がったで、数カ月後にキャッシュで納税しなければならないわけだ。

しかし、一つ会社を作って動きはじめ、経営者としての責任を感じたら、途中で投げ出すなどというような無責任なことはできない。いったん作ったものは、一応成功するまで、あるレベルで成功するまでは絶対に逃げずに続ける。これが私自身、神様からやらされた道である。

こうすれば、不得意な分野でも並のレベル以上にはなれる。その次に、得意な分野に船を出して行くときに、そのときの苦労が何倍にもなって返ってくるわけだ。

とは言え、六十歳、七十歳から始めて不得意な分野から次の分野へと言っても、おのずと平均寿命というものがある。しかし、二十代、三十代、四十代の前半ぐらいならばこういう精神であってほしいし、それでいいのだ。

前項でもふれたが、御魂磨きと御神業というものが、私たちにとって何よりも大事なのである。仕事がうまくいけば、なんでも幸せが成就できるという人は、それはそれなりの満足があるだろう。けれど、そういう生き方は本質を見忘れた生き方と言わざるを得ない。

歌を忘れたカナリアではないが、これでは、御魂が故郷を忘れて出て行ったまま帰ってこないのだ。

私たちは、会社を運営するために生まれてきたわけではない。それを通して御魂をいかに向上させるか。これが第一義である。生活の安定はある程度必要だが、生活を安定させるために生まれてきたわけでもない。やはり、なぜ自分はこの世に生まれてきたのかという本質を見忘れないことである。そしてそのためには、

「仕事が楽しくて楽しくてしようがない、朝から晩まで飽きずにこの仕事をやってます」という人でない方が恵まれている。自分の抱えている仕事に、不満な要素があるという状態の方が実は恵まれているのである。

必ずしも好きではないのだが、仕方なくやっている。親が興した事業だから後を継いでやっている。自分がいなければどうしようもないからやっている。こういうことに不平、不満を持つことはないのだ。そういうハンディがあるからこそ、本質的人生を勉強しようという情熱が尽きず、ずっとそういう人生が送れるのである。仕事が楽しくて楽しくてしようがない人は、おそらく本質的人生などというものよりも仕事を大事にするだろう。仕事のおかずに人生の本義があるようでは、その時は幸せに見えても、一生を終える時に後悔すると思う。

だから、いやいややっている人は、実は幸せ者なのである。神様のお導きで生きているわけだから、本当に「おめでとうございます。本当によかったですね」と私は切に思う。自分自身、そうやって仕事を続けてきて、本当に幸せ者だと思うからだ。

得手不得手

ところで、誰でも得手不得手がある。私自身、勉強が不得意だったから、どうすれば勉強ができるようになるかが分からなかった。そこで、いろいろ考えた。下敷きがちがうんじゃないか、カバンがちがうんじゃないかと思って、下敷きやカバンを換えてみたこともある。もちろん、これっぽっちも成績は上がらなかったが……。

それで悩んで葛藤したあげく、成績はたいしたことはなかったものの、勉強のやり方だけはあらゆる方法を考えることができた。その結果、いろいろ試した結論はこういうものだった。遊ぶ時間をなくして、その分だけ勉強する。そうすれば、成績が良くなる。気がついてみれば、ごくごく当たり前のことだったが、なかなかこのことに気がつかなかったのだ。

だから、私が携わっていた予備校では生徒を遊ばせないようにしている。例えば夏の合宿六日間、朝から夜まで缶詰状態にして勉強させている。ただし、缶詰状態にしたからといって、何かを教えるわけではない。何も教えずに、ただ遊ばないように監視しているだけだ。

そうやって、六日間、朝から夜まで十時間勉強する。六日間で六十時間、問題集を七冊ぐらいやる。これが成功して、真ん中ぐらいだった生徒の成績がぐんぐん上がっている。だいたい、勉強ができない生徒というのは、そこまで徹底して勉強をしたことがないのだ。だからこの合宿で、自分が七冊も問題集を仕上げれば、たいていのパターンは網羅できているから、ぐんぐん成績が上がるのも当然と言える。

なぜ、私がこういうことを生徒にさせているかと言えば、自分が勉強という不得意な分野で苦労したからだ。苦労した分だけ人に教えることができるというわけである。

前にも言ったように、私自身、最初からスイスイと会社経営をやってきたわけではない。ああでもない、こうでもない、とモタモタもしたし、この業種は自分に合わないのではないかとか、葛藤の連続だった。

つくづく、神様事をやる人の場合は、不得意なことをやらされることが多いと思う。自分にぴったり合う仕事、役割が与えられることは実に少ないのだ。こう考えて間違いはない。

先日も、医者をしている方が、「自分には医者なんて向いていない。他の仕事の方がいいんじゃないかと思う」とおっしゃっていた。

普通の人にとっては、お医者さんというのはうらやましい職業である。先生、ドクターと言われて尊敬されるし、収入の面でも非常に恵まれている。だが、当の本人たちは必ずしもそうではないようだ。

たとえば歯科医をやっている人は、殆ど例外なく、「来る日も来る日も、人の汚い口の中を覗いているばかり。こんな仕事は二度としたくない。もっときれいな仕事をしたい」と言う。

これも、飽きである。ゴルフでもピアノでも書道でも、あるレベルに到達しようと思ったら、いくつもの壁を乗り越えていかなければならないが、その壁に突き当たるごとに、嫌気がさして飽きてしまうのだ。

私自身、仕事の中で、職業の中で、自分の満足はない。だから、寸暇を惜しんで勉強し神業をやれる。もし、神業に生きるのではなく、仕事に生きている人間、仕事に生きる人生だったら、その仕事こそが神であり、喜びであり、自己実現の唯一の手段であり、人生のすべてなのだろう。しかし、神業に生きる人間というのは、仕事をすることですべて満足し、喜ぶというふうではない方がいいのだ。私はそう信じている。

いやな仕事をやらなければならないときは、始める前に「この仕事は最高だ！」と思い込む。そして終わったら、「こんな、自分に向かないことやってられるか」と思って、神業に打ち込む。仕事をするときには前向きな精神でなければいけないから、気持ちを強引に切り換えるのだ。

第二章　天を動かす経営術

天を動かす前提条件

守護霊や神々たちが「喜んで援助してあげよう。助けてあげよう」と、動いてくださるには前提条件がある。何よりも、人の世界での努力、覚悟。これがまず絶対の必要最低条件である。

この前提条件を満たさない人は、一度や二度は恵みがくるかもしれないが、決して長くは続かない。

いかに目に見えない世界からのご守護と恵みと功徳をコンスタントにいただき続け、しかも結果をビシッと出していくか。これが、天と人とを合一させ融合させていくということなのだ。

では、第三章からの「実践編」に入る前に、まず、この前提条件についてお話したいと思う。これはそのまま、成功する経営者の条件でもあるので、心していただきたい。

具体的な成果が出てこそ本物

私は、株式会社　菱法律経済政治研究所（略称　菱研《びしけん》）というコンサルティング会社の所長を務めており、毎月全国のどこかでセミナーを行っている。主に関東と関西だが、先日、名古屋に行ったときに、聞いていた菱研の会員の方が、目を潤ませんばかりに私にこう宣言した。

「自分は誠心誠意、愛と真心で会社を経営していきます」

たしかに、経営者としての社会的責任を思えば、目頭が熱くなるほど「愛と真心で会社を経営していく」のだ、との思いを強く持つのはよく分かる。

しかし、その後の彼の行動を客観的に見ていると、はたして、愛と真心で経営するとはどういうことなのか、よく分かっていないのではないかと疑問を持たずにはいられなかった。

結論を先に申し上げる。いくら自分では愛と真心を尽くしているつもりでも、それが具体的な成果となって現れてこなければ、その愛と真心は本物とは言えない。

いったん会社の経営者となった以上、経営者には、会社を継続させて従業員の生活を保障し、利益を出して取引先や関係者に喜んでいただくという大きな責任がある。これをまっとうして初めて、愛と真心で会社を経営していると言えるのだ。

いくら自分では愛と真心で経営していると意気込んでいるつもりでも、会社の業績がふるわず、従業員やその家族、さらには取引先をはじめ関係先に迷惑をかけるようでは、愛も真心もハチの頭もあったものではない。よく、

「経営者も従業員も持てる力を最大限に発揮して一生懸命頑張ってはいるんですが、いかんせん、ライバルにどんどん追い抜かれてしまって」

などという経営者の愚痴を耳にする。

とんでもない。ライバルとの競争において、経営者も従業員も持てる力を最大限に発揮して一生懸命頑張っています、という程度のレベルならどこの会社でもやっている。

いかに従業員と経営者が精一杯に動いたとしても、そのペースとレベルがライバルに遅れを取る程度の頑張りではダメなのだ。ライバルの脚力、瞬発力、敏捷

性、機動力、すべてにおいて圧倒的に乗り越えていく。少なくとも、負けていないというレベルまで動いていなければ意味はない。

そういうこともせずに愚痴をこぼし、そのままズルズルと競争に負けていけば、待っているのは経営危機、そして倒産である。

そんなことになれば、多くの方たちに大変な迷惑をかけてしまう。そうなったとき、いくら「精一杯頑張ってはみたのですが……」などと言ってみたところで、何の役にも立ちはしない。それこそ、ハタ迷惑な独りよがり、自己満足。偽物の愛と真心だ。

失敗する経営者は、まだ未熟と思うべし

ところが、中途半端に神様事をやっていると、しばしばこうした独りよがり、自己満足に陥りやすい。

「私はこんなに神様に向かって精進努力しているのに、なんで文句を言われなければいかんのか」

つい、こういう考えになりがちなのだ。しかし、単に愛念だけに留まっているだけでは本物の愛たり得ない。現実の世界にいかに足跡を残したかが大切なのである。現実というものも、数値というものも、全部神様がお作りになる。まさに、神の一部なのだ。

愛と真心が本当にあるのだったら、精進に現れていなければいけない。精進が本当だったら、実力に現れてこなければいけない。その結果として、ライバルとの競争でも中身で勝っているはずだ。

さらに、中身が勝ったという結果が、最終的に売上や利益に結びついているものでなければいけない。営利団体たる企業の経営を志す以上、これは当然のことである。現実界で精進なり努力なりしたことは、タイムラグはあっても、また、経路がずれたとしても、最終的に金銭に置き換え得るものでなければ本物ではない。これは、自らが精進して作り出したものに対して、人様が「お金を払うだけの価値がある」と認めてくれたことを意味する。

つまり、結果に現れるだけの精進努力をしてこそ本物なのであって、そこで初めて、正しく愛と真心を客観的に理解していると判断できるのだ。

例えば顧客に対して、会員に対して、従業員たちに対して、あるいは家族に対して、本当に愛があるならば、運営のうまさや商品作りのうまさ、あるいはまた、おもてなしのうまさなどの具体的なノウハウや知恵に、やはり秀でたものが出てくるはずである。

そこまでいっていないというのは、どこか足りない。何かが欠落しているのだ。これでは本当の愛と真心とは決して言えないのである。

事業は世の為人の為だが、決して奉仕ではない

もちろん、はじめからカネ、カネ、カネと、それればかり考えていては欲心で心が曇ってしまい、神仏の加護が弱くなる。私が言っているのは、あくまでも、本当の愛と真心があれば精進努力が先に立つはずであり、本当の精進努力が先に立てば、最終的に売上とか金銭に換算されていくものに結びつくという意味だ。これができるのがプロということができる。

事業というのは奉仕ではない。世の為人の為という心は持つべきだが、それは

まったくの奉仕をするという意味ではない。

ドラッカーは、経営者の社会的責任についてこう言っている。

「マネジメント　イズ　レスポンシビリティ、マネジメント　イズ　プラクティス」

まさにその通り。これに尽きる。つまり、マネジメントとは責任なのだ。

第一章でもふれたが、経営者に要求されているのは、会社を倒産させないように、「ゴーイング・コンサーン」で利益を上げていくこと。そして、従業員とその家族を幸せにし、仕入先、販売先の幸せも考える。もちろん自分の家族も幸せにする。少なくとも経済的負担をかけず、危機をもたらさない。これが世の為人の為の第一歩である。

経営者は従業員を、その家族を、そして自分の家族を抱えているのだ。それらすべてに責任がある。そのためには利益を出さなければならない。利益を出さなければその責任は果たすことはできず、会社に関係するすべての人を路頭に迷わせることになる。経営者にとっての「世の為人の為」とは、抱えている従業員を幸せにすることが第一でなければならないのである。

さらに、取引先の関係者を幸せにすることができなければならない。特に仕入先には、自分の会社が倒産して不渡りを出したら、どれだけ迷惑をかけることか。どれだけ恨まれることか。

販売先も大事だ。もし潰してしまうと、納品した品物の売掛金の回収が難しくなる。それどころか税務署から差し押さえが来たり、債権者が「私たちの商品がこちらにあるはずですから」とやってきて、関係のない商品まで持って行ってしまうかもしれない。なにはともあれ赤字は罪なことなのである。

こうなってこそ本物の経営者だ！

従業員とその家族、そして自分の家族。さらには取引先、販売先の関係者を幸せにするためには、何はなくとも利益を出さなければならない。利益を出し、その利益から税金を引かれたあと、内部留保にするとか、配当して株主に回すとか、あるいは、ある程度余裕が生まれたら固定資産を作って財務基盤を磐石なものにしていかなければならない。そこまでやれば、会社も安定するし、信用もついてくる。

利潤を上げることに罪悪感を感じてしまうと、企業経営はできないということだ。会社に何かあった場合、社員に何かあった場合、そして銀行信用のためにも、資金を確保しておく責任があるのだ。そのための利潤である。人が良いだけの人には、決して企業経営は無理だと思い知っていただきたい。

ここまでがちゃんとできていて初めて、本当に精進努力して会社経営を行っていると言うことができる。実力に現れて、数値に現れて、結果で成功しているからだ。こういう経営でなければ、独りよがりの域を出ないし、決して神心に合っているというものではない。それどころかハタ迷惑というものである。

菱研《びしけん》の会員の方ならば、「神仏の御心に叶うように経営すること」と「会社経営を通して自分の魂を向上させること」という二つの目標を持って会社を経営されていることと思う。そのためには、愛と真心が必要不可欠な条件であると、私はいつもお話している。神様、仏様、守護霊様は、愛と真心という情感があって初めて感応され、働いてくださるからだ。

ただし、それだけでは神様は動いてはくださらない。愛と真心は神仏を動かすほんの一厘にしかすぎないのだ。神仏がお働きになるためには、あとの九分九厘をまっとうしなければならない。

たとえ自分では愛と真心でやっているつもりでも、残りの九分九厘がまっとうでなければ神様は動いてはくださらないということである。

では、残りの九分九厘とはいったい何か。それは愛と真心の対極にあるもの、つまり、「忍耐と寛容」である。九分九厘を占めるここを見れば、その人の愛と真心が果たして本物なのか偽物なのかがすぐに分かる。

いくら愛と真心を口にしても、それが十二分な忍耐と寛容に裏打ちされていなければ、その人が言う愛と真心など薄っぺらな偽物にすぎない。十二分に忍耐をなし、十二分に寛容精神を発揮して、しかも、それを何年も貫いているときに初めて、その人の愛と真心は本物だと言えるのだ。

本人は愛と真心で経営しているつもりでも、取引先と始終トラブルを起こしたり、ちょっとしたことで文句を言って談判が決裂したりするのは忍耐力の足りない証拠だ。

そのような人がどうして、愛と真心で経営しているなどと言えるだろうか。

特に、信仰と経営の両立を目指そうという方は、このことを常に自分に言い聞かせておく必要がある。何事も愛と真心さえあれば十分だと思ってしまいがちだからだ。しかし、ここを間違っては神様は動いてはくださらない。

従業員に対しても、取引先に対しても、対人関係においても、十二分の忍耐と寛容を持ち、和の心を発揮して、円滑かつ継続的にできていってはじめて、その愛と真心は本物になるのだ。

企業は「ゴーイング・コンサーン」と言われるように、続いていてこそ企業と言える。一カ月、二カ月頑張って収益を上げることはそれほど難しくはないが、一年、二年、三年とずっと収益を上げ続けるとなると並大抵のことではない。しかし、最低でも三年以上利益を出し続けるとようやく社会的信用もでき、信用調査が入ってもクリアできる。経営者も三年続いてやっと一人前だ。

そこまで会社を育てていくには、忍耐と寛容というものに支えられた愛と真心が必要なのだ。

ところが、これだけでいいかというとそうではない。一応、本物の愛と真心にはなったものの、最高級の愛と真心とは言えない。忍耐と寛容だけではまだ足りないのだ。

知性と智恵

愛と真心が本物となり、完成されるためには何が必要なのか。知性と智恵。これがなくてはいけない。知性と智恵とは、「知的な判断力」と「ひらめいたり応用したりする智恵」である。

これを別の形で表現すると、読解力と表現力ということになる。読解力というのは、相手が何を思っているのだろうか、どういう状況にいるのだろうかということを深く読解する知的な営みのことだ。

取引先や従業員が何を思っているのか、どういう状況にいるのかを推察し理解する。これ自体が知的な営み、つまり知性であり、そこから「では、どうすればいいのだろう」という智恵を働かせることになる。

このように、読解力の中には知性と智恵が含まれている。よく読解することによって初めて的確な状況判断が可能になり、さらに、相手の立場や気持ち、考えていることが分かるのだ。

そして次に、その人に対して自分の気持ち、考え方をどのように伝えたらいいのかという表現力が求められる。ここで智恵が働くわけだ。

ひとくちに表現力と言っても、手紙やファックスなど文章による表現もあれば、単に言葉だけではなく、直接相手と対面して伝える方法もある。あるいは、自分で直接言わずに人を通して伝えた方がベターだということもあるだろう。もちろん、話を核心に持って行くための順序や、タイミング、ＴＰＯも表現力に含まれる。こういったさまざまな表現方法の中から自分と相手の双方にベストな方法を選ぶ。これが表現力である。

商談ひとつとっても、話を切り出すタイミングいかんで成否が分かれてしまうことはすでにご存じだろう。単刀直入に間を置かずに言った方がいい場合もあるし、その逆もある。状況によっては、伝えるタイミングをずらしてしまったことで相手を深く傷つけることにもなりかねない。

このように、読解力と表現力を使いこなせるようになって、知性と智恵が成り立つと言えるのだ。つまり愛と真心は、忍耐と寛容に裏打ちされて本物となり、その上に知性と智恵（読解力と表現力）があってこそ完成されるということである。

このように、ひとことで「愛と真心で経営していく」と言っても、忍耐と寛容を積み重ね、「ゴーイング・コンサーン」で何年も何年も継続し続け、さらに読解力と表現力の勉強と工夫を絶えず行なっていて初めて、その愛と真心が本物であり、優れたものだと言えるのである。

この境地にまで達すると、神様は完全に動いてくださる。たった一厘の付け焼き刃の愛と真心ではダメだ。その裏に隠された九分九厘が必要なのだ。そして、真実の愛と真心によって神様が働かれ、守護していただければ従業員や取引先、販売先までみんなが幸せになり運が良くなり、神の御守護の下で成功する経営ができる。

愛と真心を完成させていくには具体的にどうしたらいいのか。ここで、すでにふれた、私が関わっている予備校の教師たちのケースを例にしてお話しようと思う。

あなたの誠心誠意は本物か⁉　ニセ物か⁉

彼らがかつて口を揃えてこう言ってきたことがある。

「良かれと思って朝な夕なに祈っています。心を込めて誠心誠意やっています」

「こんなに真心込めて一生懸命やっているんですよ」

ちょうど、先に紹介した名古屋の会員と同じように、目も潤ませんばかりに訴えてくるのだ。しかし、彼らが口にする愛と真心は、果たして本物だろうか。私には疑問だ。私はその時こう答えた。

「どんなに生徒と父兄に対して、慈悲の思いや愛の思いを持っていても、それだけではダメだ。結果に現れなければ本物の愛と真心とは言えない。学校の先生の愛情とはどこに現れるのだろうか。もちろん、目に見えない波動も大事だ。しかし、一番大事なのは教え方のうまさ。そこにあなたたちの愛と真心が現れ出ていなければ、どんなに愛情があると言ってもそれは本物ではない」と。

いつも朝な夕なに祈っていても、それだけでは、本物の愛と真心とは決して言えない。教え方の工夫がまったく為されておらず、下手クソな教え方しかできないという先生は、結局、生徒の為になっていない。生徒のやる気を引き出し、どんどん成果を出してあげて、初めて教師の愛と真心は実現される。

教え方は下手だが愛だけは負けない、というのは教師の単なる独りよがりでしかない。本当に真心があり、愛情がある先生ならば、教え方のうまさというものに現れ出ているはずである。そうでなければ本物とは決して言えないのだ。

そのためには、理解させるための説明の仕方や生徒の心理を研究し、教え方を絶えず創意工夫していかなければならない。教材作りひとつにしても、授業のひとこまひとこまをどういうふうにパフォーマンスしたら生徒が確実に覚えられるのか、すべてにわたって創意工夫が必要だ。それを朝な夕な神様に祈りながら、実際に成績が上がるように導いていく。そこまでやって初めて、本当の愛情と言えるのだ。

成績が上がれば生徒も自信が湧いてくる。そうなると自ら進んで勉強をやるという気持ちになる。いくら優しい、いい先生でも、成績が上がらなければその生徒は自信が持てない。しかも、学校時代に成績が悪ければ、社会に出てからその先も、自信を持てないまま生きて行くことになる。

教師にとって、これほど無責任なことはないではないか。愛と真心というのなら、そこまできっちりとやって当然である。「いい先生なんだけど……」では何の意味もない。教え方のうまさというものを表現できない教師というのは、真に生徒に対して愛情があるとは言えないのだ。

そのことをズバリと私が指摘した時、彼らもハッと何かを悟ったようだ。それ以来、生徒や父兄の満足度がグンとハネ上がったのである。もちろん、生徒の成績もアップしたことは言うまでもない。

生徒を教えることも会社を経営することも同じことだ。教師の場合、生徒の成績向上という具体的な数値となって本当の愛と真心が現れるように、会社経営でも業績向上という数値となって現れる。具体的な数値となって現れてこないかぎり、いくら「経営者も従業員も精一杯頑張っているのだが……」と言ったところで、それは口先のことでしかない。決して、本物の愛と真心になり得ていないし、どこか不足していると思い知る必要がある。

具体的な数値となって現れてこないというなら、何かが不足していると考えることだ。愛と真心という情感は確かに愛の一歩かもしれないが、一歩があっても二歩、三歩がないというのでは、単に愛念だけに止まっているばかりだ。それでは、愛と真心が完成しているとは言えないのである。

塾・予備校も熾烈な競争時代

ありがたいことに、私がアドバイスしている先の教育事業は順調に推移している。

かつて、一九九〇年代当初、Yゼミナールをはじめ大手の予備校は軒並み、前年度比四十〜五十パーセント減だった。不況で個人の消費が冷えているだけではなく、子供の教育に関しても、東京へ出してアパートや下宿、あるいは予備校の寮に入れてまで受験勉強をさせる余裕がなくなってきたことが一つ。

もう一つは、地方に小さな大学受験の塾が増えてきているという事実がある。そうした地元の塾で受験に備えようという浪人生が増えたのも、大手の予備校の減収につながっていた。こうした逆風の中、我が方は前年並みをキープできた。諸般の状況を考えれば、これだけで大成功である。

しかも、こうした状況を予測していたため、広告宣伝費を十五パーセントほど削減してコストダウンを図り、また物価上昇に合わせて授業料を若干値上げした。その結果、売上で前年度並みを維持し、その上、広告費を削減した分収益性はまた上がった。

なぜ成功できたのか、少しばかりお話ししたいと思う。

お客様第一主義

結論から言うと、とにかくお客様第一主義を貫くこと、これに尽きる。

お客様が喜んでくださいますように、お客様が納得してくださいますように、お客様が感激してまたこれを使いたいなあと思うように、というお客様に対する愛と真心を極致まで究めて、ひたすら祈り続け、念じ続ける。

もちろん、愛念でなければ神様は動いてくださらないから、お客様第一主義というのが商いの道における、御神業の愛と真心だ。そのようにお客様第一主義に徹したときに、神様が動いてくださるのだ。そこから、人智を超えた創意工夫がもたらされるのである。

神様が動いてくださるとどうなるかというと、叡智をくださる。どうしたら喜ぶのかという具体的工夫、智恵が次々に湧いてくる。こうなると、全体的に温かくていい雰囲気になってくる。

それに、神様がお出ましになると運も開けてくる。こちらが求める前に、お客様や、業者さんが「ここはこうじゃありませんか。こうすればもっと良くなりますよ」と、いいヒントを持ってきてくれる。これも、お客様第一主義の愛と真心にお働きくださった一つの証にほかならない。

このように神様を動かすのが愛と真心なのだが、前に言ったように、愛と真心に神様が感応してくださったからといって、そのお客様第一主義が完成したとは言えない。次に、行動の徹底が必要である。

浮かんできた智恵とかひらめきとかというものを、売上増、収益増に結び付けて黒字になるようにするための行動を徹底させる。

たとえば、それまでより何倍も仕入に努力する。お客様にまた来てみたいなと思っていただくための努力、それから人間の配置、余計な経費の削減の努力が要る。

決めた事柄、ひらめいたことを徹底して実行するのだ。その努力の結果が実を結んで、収益が上がり、さらに上がり続けるまで行動を徹底することが必要だ。それが御神業で言う誠である。誠というのは、口と心と行いが三つ揃って初めて誠になる。愛と真心というのは心だけでしかない。

それでも神様は動いてくださるが、誠になって初めて偉大なる御神力が動き、不可思議なる智恵と不可思議なる働きと不可思議なる運気を持つことができる。誠とは、「真心」プラス「言葉」プラス「行い」なのだ。

言葉というのは文章である。中元、歳暮、年賀状、挨拶状、礼状、手紙、何でも面倒がらずに言葉で表現していかなくてはいけない。真心があれば言葉なんてと思うのは怠慢という他はない。言葉にしなければ、この地上では人に心が伝わらない。神様でさえ、人が言葉という形に出して祈らなければ、大きく動いてはくださらないのだ。

形が出るまで好意を徹底させるというのが誠なのだ。それが会社に宿る。つまり、実行が徹底してでき上がっているということで、初めて神様が動き、社業が発展し、さまざまな障害を乗り越えていける。

どんなに経済の法則が分かっていても、知識をどれだけ積んでも、いろいろなセミナーに参加して勉強しても、それは所詮、知識と頭と論理でしかない。いざ実際にやるとなったらどうしたらいいのか、そういった現場の決断のノウハウを身につけることはできない。

繰り返すが、「お客様第一主義」が愛と真心であり、「お客様第一主義の行為の徹底」が誠である。その結果、仕事もうまくいく。それが神人和合の道だ。即ち、どんな道にも通ずる大原則であり、大道であり、普遍的な真理と言える。

そして、今申し上げたことを積み上げていけば、具体的なアイデアやひらめきがあり、何百種類も何千種類も積み上げたノウハウを持てる。自他ともに専門店と認めるだけの実力や、マーケットセグメンテーションの深く突っ込んだ智恵、営業のやり方、広告宣伝のやり方、上手な人の使い方、資金計画の上手なやり方などが、結果として出てくるわけだ。

吉方位への社員旅行で、社運は上昇する

もう一つ、従業員の運気というのも大きな問題だ。運気の良い従業員ばかりの会社は別として、普通の場合、運気の悪い社員も少なからずいることだろう。社員の悪運気は、会社全体の運気に影響するから、放置しておくことは得策ではない。第一、社員の運気が悪いと、全社一丸という盛り上がりと勢いが出てこない。

そこで、私がお勧めするのが社員旅行の活用である。

社員旅行の行き先を、なるべく社長から見た吉方位に設定する。しかも、箱根神社や諏訪大社など、絶大な神力を持つ神社を旅行先に選ぶのだ。そして、旅行先で神様に祈願すれば、社員全体の運気が上がり、ひいては会社の運気も上がる。

神様事に理解のない社員がいる場合には、神社は観光名所だからと言って、いい旅館に泊め、美味しい食べ物を食べさせて神社に参拝すればよろしかろう。ただし、ひとくちに神社と言っても、ズバ抜けた効果がある神社と、それほどでもない神社がある。紙幅の関係上詳細は控えるが、詳しくは拙著『神社で奇跡の開運』（たちばな出版刊）を参照されたい。

こういうふうに、社員旅行に行く場合は功徳のある神社に行く。すると、従業員で無信心の人やどうしようもない人であっても、守護霊が交替したり、神がかって社長を助けようとしてくれる。本人も、なぜか分からないけれど調子が良くなってきて、「社長！　社長！」と社長になつく。社長を中心に、一丸となって頑張ろう！　という勢いが渦巻いてくる。これは本人たちがそうしているのではなく、神社の神様が社長を助けるために神がかっているのだ。

社長たる者、神社に行ったら従業員全部の名前を上げながらこうお願いすることだ。

「神様、私を助けてくださるというなら、従業員も助けてください。従業員も幸せにしてください。もしミスをする人物でも、大事なところはちゃんとして、どうでもいいところだけミスするようにお導きください」

こうすれば、神様は必ずや導いてくださるのである。

第三章　経営者に必要不可欠な「直感力獲得法」

イメージが未来を決める！

ところで、本章からは、いよいよ実践編である。神仏を動かして成功するノウハウを、以下に述べていこうと思う。

「只今に生きる」という言葉がある。だが、しばしばこれをカン違いしている方がいるようだ。只今に生きると聞いて、額面通りに、「ああそうか、只今に生きればそれでいいんだ。明日のことはよく分からなくても、とにかく只今、一生懸命やったらいいんだ」と考えてしまうのだ。

迷いがあったときとか、先々のことがいろいろ心配で何も手につかないようなときは、そういう心でいたらいいのだが、普段からそればかりでは、イメージの世界を収縮させてしまう。

本当に愛と真心で会社を経営するなら、只今のことだけに一生懸命になってはいられない。素晴らしい未来を設計し、それを実現していってはじめて愛と真心は本物になる。

つまり、未来のよき現実を作っていくものは、イメージである。これを先行させるのだ。イメージの先行というのは、霊界を実現化させる一つの契機になる。たとえば会社の経営者なら、従業員がみな和気あいあいとして喜んで働き、その結果、売上も上がり、お客さんも喜んで固定客がどんどん増えていくというイメージ。

あるいは、税務署の署員を思い浮かべて、「ああ、もっと税金を払ってもらわなきゃ困りますね」と言われて、嬉しい悲鳴をあげるというイメージ。

さらに、銀行さんが「こんなに収益が上がっているなら、是非ともお金を借りてもらえませんか」と言ってくるとか、そんなイメージを先行させる。そんなイメージを浮かべては、布団の中で一人ニンマリ。それでいい。

そうやって、全部が幸運な状態になっているというふうにイメージを先行させていくと、現実にそうなっていく。というのも、こうすることによって、霊界が凝結してきてすべてが調《ととの》うからだ。

ただ単に、あれが足りない、これが足りないと指摘され、注意されて「頑張らなきゃ」というのでは、自分の心と想念と霊界が負けてしまっている。なにかをしなければならないという自分の思いで、自分ががんじがらめに縛られて、身体が動かなくなってくるし、面倒臭くなってくる。

それに、思わずため息が出たりストレスが溜ったりもする。そうなると、どこかで発散しなければいけなくなり、どこかで遊んだりしてつまらないお金を使ってしまう。悪循環である。

そうではなく、仕事のプロセスの中でストレスをバネにして、同時にストレスを解消できているというのでなければダメだ。そのためには、仕事を喜びに変えていく。そうすればストレスをゼロにすることはできなくても、消化することはできる。

これこれをしなきゃいかん、頑張らなきゃいかん、失敗しちゃいかんなどと思っていれば、心の中の霊界がマイナス霊界になり、全体が落ちてきてしまう。そうではないのだ、ストレスをバネにしてバーンと明るい世界に抜けていかなければダメ。ストレスをバネとして、「すべて思い描いたとおりになるんだ！」と明るいイメージを先行させる。これがなによりも大事である。

音楽家はイメージ作りがうまい！

いつも思うのだが、音楽家はイメージ作りがうまい。これに反して、一番問題なのは絵描きだろう。映像でイメージを描いているのだが、文句を言われるたびに絶望したり、がっくりきたり、ペシャンコになってしまう。しかも、一度そうなると再び立ち直れない人が多い。

自分のイメージを壊されてしまうと、自分が描いた霊界がバラバラになってしまうのだ。その結果、病気はするし、やる気はなくすし、気力も情熱もバタンと倒れてしまう。

そういう人は、「自分の中の霊界とイメージが壊されてしまったのだ」と思って、また自分で絵を描いていけばいい。幸せな未来をイメージして自分で絵を描いていけばいいのだ。そうやって、映像、イメージを何度も描くことによって、霊界が固まっていく。その結果、動かしていくことができるのだ。

そういうときに、想念術などをやるとかえっていけない。何でもかんでもそこに持っていって、我力と自力が強くなり傲慢な人物になってしまうからだ。イメージだけではダメなのである。

イメージの世界からもっていって、その上他力に動いていただく。つまり祈るのだ。「神様はきっと、こうしてくださるに違いない」と確信して祈り、半分、神様に寄りかかりながら、そのイメージの世界に基づいて現実界で精進努力していく。こうすればいかなる時も自力と他力が融合できて、乗り越えていくことができるのである。

経営者、取締役、部署ごとの責任者が、そういうメンタリティのバネの強さを持っていたら、その部署の人間、会社、支社の人たち、すべての人たちに、その目に見えない心の波長が行き渡っていく。そして三カ月、半年、一年してみたら、それが現実のものになって顕現している。

幾多の試練や修羅場をくぐり抜けてきた人は、自動的に心を明るい方へ向けられるし、自動的に良い思いが湧いてくる。しかし、修羅場のくぐり方が足りない人というのは、頭では分かっていても、実際に遭遇するとペシャンとなってしまう。そして、いつまでもそこから立ち直ってこれない。

立ち直るにはイメージを先行させる。そのイメージから台詞が出てきて、心を濃くして、それから祈りへもっていく。どんなに神様に祈っていても、イメージの中が暗いと、現実に心が負けてしまう。絶えず、現実よりもイメージを先行させることである。

こういうふうにすれば、あの松下幸之助氏が三重苦をバネにしたように、立ち直りの早い、バネのある人間になれる。

うまくいかない時は、イメージと言霊《ことだま》の立て直しから始めよ！

心とはイメージなり。

イメージですべてができていると思うところから入っていけば、あれをやってこれをやってというふうに、頭がフルに動いて、結果的に勝つ。霊界を動かし、霊界を現実界に顕現させる接点まで行っているからである。

さらに、イメージが先に出て、行いが伴って極まったときというのは、イメージも何も思っていない。全身全霊を打ち込んでいる。つまり、動きの真ん中にあるときは、霊界をさらに超えた神界に入っているのだ。

それぞれの部署に、赤字部門、あるいはトラブル部門、もめごと部門がある。そこで、あれが足りない、これが足りないと心を暗くしていると、「なかなかうまくいかんなあ」というマイナス世界から抜け出せない。心の世界、霊界が呻吟《しんぎん》しているからである。

特に会社経営者の場合は、問題点の多い従業員の顔をイメージの中に浮かべ、それぞれが胸に名札をつけた顔を思い浮かべて、「みんな素晴らしい従業員じゃないか。すべてうまくいっている」とイメージする。問題の多い部署も同じだ。

また、月々の売上にしても、「売上水準はこんなに伸びている!」とイメージする。この場合も、イメージが具体的であればあるほどいい。たとえば、税務署さんとか税理士さんの顔を思い浮かべて、「いやあ、今期はこんなに利益が上がりましたね。税金いっぱい納めてもらわないと」などと言われているシーンをイメージすると、一層現実化する力が強くなる。

ショップの経営者なら、お客がズラーッと数珠つながりに連なって並んでいるシーンをイメージする。すると、自然に顔がニンマリしてくる。心が明るく、未来に向かって行くのだ。

そして、「どうやったらそういうふうになるのか、神様、教えてください。きっとそうなるように導いてください」と祈ること。

ただし、神様に真剣にお祈りしているときは、そんなイメージを浮かべていたのでは祈れない。そういうときは、目の前に神様がいるというイメージだけを持った方が、祈りは貫通する。そして、自分が抱いている先行のイメージを祈りの言葉に置き換えていけばいい。

具体的にはこんな感じ……。「私が日頃イメージしているのは会社の繁栄でございます。たとえば、会社の売上が右肩上がりで伸びておりまして……」というように台詞で表現するのだ。こうして、祈りの内容を言霊にして神に言上《ごんじよう》する。

こうやって、イメージと言霊と思いとのバランスを保っていれば、全体全部を動かしていける経営者になれる。問題点がある部門についても、経営者がこうして祈り、思いと意識を行き渡らせていれば、形に表れる前にピーンとくるのである。このことについて、次項で述べてみよう。

インスピレーションを磨くお祈りの仕方

経営者に最も必要なものの一つに、鋭いインスピレーションが挙げられる。

この先の動向、従業員の人事、販売先、仕入先との関係、在庫管理、さらには月次決算から、上半期、下半期の決算書を見て、どこがどう足りないのか、なぜ数値が伸びないのかということに関してまで、瞬間的にピーンとキャッチする力だ。

「営業のあいつ、最近様子が変だな」とか、「取引先がちょっと危ないな。不渡りをくらって回収できなくなるんじゃないか」とか、「ああ、この銀行は貸してくれそうにないな」「来年はこういうのが売れるんじゃないのか」といった予知力、直感力である。

確証はなくても、何となく心に引っ掛かる。ピーンとくる。これが経営の一番大事なところなのだ。事実、このピーンとくるものによって未来の災いを免れたり、人事の問題点を見抜いたり、販売先のトラブルを察知して、いち早く難を逃れた経営者は数知れない。

この予知力、直感力があるかないかで、最終的に経営者の資質が定まると言っても決して過言ではない。

しかし、これぱかりはどんなにマネジメントの本を読んでも、『日経新聞』を毎日読んでいても、優秀なコンサルタントを雇っても、税理士や公認会計士に聞いても身につけることはできない。

それでは、どうすればピーンとくるようになるか。結論から言えば、ピーンとくるためにはアンテナを張ればいいのだ。

では、どのようにアンテナを張ればいいのかをお話しよう。

ひとことで言えば、神仏に祈りを投げて投げて投げ抜けば、必ず兆しとなって返ってくるということだ。その神仏に投げることをアンテナを張ると言う。

そのために、あなたの会社に神棚、三宝荒神様をお祀りしていないなら、必ず置いていただきたい。もし、会社にも家にも神棚がない場合は、自分の守護霊、守護神様にお祈りするか、産土《うぶすな》の神様がいる方向に遥拝《ようはい》すると良いだろう。

祈りを捧げる方法だが、まず朝、会社に来たら必ず天津祝詞《あまつのりと》を三回奏上し、「いつもお守りくださいまして、ありがとうございます」と感謝の祈りから入っ

ていって、神様、特に産土の神様に、

「本日もよろしくお願いいたします」と祈る（天津祝詞を知らない方は、拙著『大金運』（たちばな出版刊）を参照されたい）。

これが、予知力や直感力を高めるための基本である。

次に、このように祈りを捧げる。

「本日も、得るところ大なるものがありますように、学ぶところ大なるものがありますように。経営上のヒント、そして自分の研鑽、宇宙の真理、道におけるあらゆることが学べますように」

これは、仏教で言えば胎蔵界《たいぞうかい》的祈りと言える。胎蔵界の祈りとは、道を究めていく、真理を探究していく、そういう内的な進歩向上の祈りに他ならない。

次に、経営する上で重要な販売先、仕入先、従業員の三方の人々の幸せを祈る。経営者にとって大事な人は、従業員、販売先、取引先の三つしかないとさえ言える。だからこそ、その人たちの幸せを心から祈るのだ。誠を込めてこう祈る。

「すべての従業員が今日も幸せであり喜んでいただき、すべての販売先が喜び感謝し、納得し繁栄するようなやり方ができますように。すべての仕入先も納得し、喜び弥栄《いやさか》えていきますように」

これを金剛界《こんごうかい》の祈りと言う。つまり、世の為、人の為にという慈悲の祈りだ。

こうやって胎蔵界と金剛界の祈りを欠かさずにいると、本当に神仏に導かれて、その日得られるものも大なるものになり、徳も積むことができる。

それだけではない、会社の死活を握ると言っても過言ではないあの予知力、直感力が磨かれてくるのだ。つまり、アンテナが立つのである。

これであなたも超能力経営者だ

そうして従業員の幸せを祈っていると、従業員の問題点がピーンとくる。「あっ、この子の成績が下がったのは、上司との人間関係で悩んでいるからか」とか、「そうか、営業課長が悩んでいるのは、あの取引先の担当者とウマが合わないからなのか」とか、こうしたことがわけもなくピーンとくるようになるのだ。

また、販売先のことを祈っていると、販売先の問題点がピーンとくる。「ここは資金が逼迫《ひっぱく》していて、ヘタをすると不渡りを食らうことになるな」とか、「この会社にはこういう商品を持って行けば喜んでもらえる」とか。

こういうふうに、従業員の幸せを祈っていると、従業員のことがピーンとくる。販売先の幸せを願うと、販売先のことがピーンとくる。自然とアンテナが立ってくるのだ。

しかし、ただ「今日もよろしく」と一言祈るだけでは殆ど効果がない。

例えば、あなたの会社に系列の子会社が四つあったとしよう。それならば、「A社の販売先、仕入先、全従業員。B社の販売先、仕入先、全従業員、C社の販売先、仕入先、全従業員、D社の販売先、仕入先、全従業員、計四社すべての販売先、仕入先、全従業員が神様の功徳を持ちまして、より弥栄えてより繁栄して、皆様に喜ばれるような運営ができますように」と、祈りの中に具体的に折り込む。すると、四つのアンテナがそれぞれに向くので四つの会社のことが頭に浮かぶようになる。

あなたの会社に三つの部署があるのならば、そのそれぞれについて言葉に出して祈る。最低でもこれだけは、朝の祈りで行う。

もし、それらの中で特に気になる会社、気になる部署があるのならば、「A社の○○部署のことが気になりますので、ここを何とかしたいのです。私はこうすればいいと思うのですが、神様はどうお考えになるでしょうか」と、さらに言分《ことわ》けて申しあげる。

このように言分けて重点的に祈ると、不思議とそのことについてピーンとくる。できることなら、朝の祈りの時に御神前ですべての子会社、すべての部署を漏らさずに言葉にすること。そうすることによって、漏れる事なくアンテナが立つ。

さらに一日の終わりにも祝詞をあげて、今日という日が無事に終わったことを感謝する。そして「自分に足りない部分があったならば、ぜひお教えください」と祈る。

「足りないところは教えてください。よりいい方法があれば教えてください」と言葉に出して具体的に聞く。そうすることによってアンテナが立ち、ちょっとしたことがヒントになってピーンとくる。

つまり、アンテナを立てるということは、霊界に意識と関心を向けることによって、そこから霊感、超能力、もしくはインスピレーションと呼ばれるものを受け取ることなのだ。関心を向けなければ何も受け取ることはできない。

朝の祈りの台詞の中に、関心を向けたいことを言葉にして入れるということがアンテナを立てることになるのだ。これを怠らずに続けることによってアンテナが研ぎ澄まされる。逆に、これを怠るとアンテナが立ったり立たなかったりで、反応が鈍くなる。

このような生活を毎日送ることによって、経営者としての資質を育み、霊的な進歩向上、ひいては未来の予測から人事、在庫管理まで、あらゆることに周到に智恵と気配りができる経営者になることができるのだ。

資金回収、売掛金回収は三宝荒神

同じように決算期には三宝荒神にお祈りをする。

経営者にとっていちばん頭が痛いのは、売掛金の回収が滞っているとか、月末になかなかお金が集まらないとかというときだ。

そんなとき、売掛金が回収できそうになくちょっと危ないぞというときや、あるいは、取引先がよからぬところで手形を割っているというような情報が入ったときには、なおさらのこと、早く回収したい。最悪、回収できなかった場合には、被害をどれだけくい止められるかが問題になる。

このように、資金回収の必要に迫られたときや、売掛金が多いときに働いてくださるのが三宝荒神である。

そろそろ決算期という時期になったら、この三宝荒神様に、まず感謝の祈り、進歩向上の祈りを捧げてから、

「三宝荒神様、多すぎる在庫があればお教えくださいさい。余計な在庫があればお教えください。また、回転在庫で必要なものがありましたら教えてください。どうか足りないところがあるならば知らしめたまえ、より良い改善策があるならば知らしめたまえ」と祈る。

このように言葉に乗せることによって、在庫をチェックする時、何か問題があればピーンとくるのだ。

決算書を見たとき、帳簿を見たとき、また、実際に在庫の現物に触れたときに「あ、こんなところにデッドストックがあるじゃないか」とか「この在庫はこう

いうふうにすればうまくさばけるんじゃないか」とピーンとくる。

在庫に対しては税金がかかってくるから、デッドストックというのは、要するにキャッシュが眠っていることと同じだ。当然、決算の前になったら在庫処分する必要に迫られる。

しかし、処分するのは最悪のケースになってからでも遅くはない。その前に、必要な回転在庫は残しておかなければならないのだから、デッドストックがあってもこれを売っていくという前向きの努力をする。そのためには原価を割ってでも売ってしまうか、バーゲンをやるか。とにかく現金化できればいい。あるいは業者に返品する。返品できなければ差し替えてもらう。

それでも駄目なときに、決算前に処分するという方法を取る。このときは、商品を燃やしてしまい、それを写真に撮って税務署に見せてもいい。

このような様々な方法から、どれを取るのが最良の道なのか。デッドストックを処理する智恵、これを司るのが三宝荒神である。だから、三宝荒神と神人合一してこうお祈りをすればいい。

「デッドストックがこれだけあります。このままだと、これに対して税金を納めなくてはなりません。決算がもう数カ月先に迫っておりますので、願わくばなんらかの形でお願いします」

こう祈願して、二、三日後に会議を開くと、自然に従業員が神がかって、「こういうふうにしましょう」「ああいうふうにしましょう」という〝デッドストックなくそう霊界〟ができるのだ。

必要な回転在庫だけ残して、あとをどう処分するかはすべて三宝荒神の智恵なのである。三宝荒神にお願いしていると、デッドストックをなくそうという霊界ができて、従業員もデッドストックをなくさなければいけないと意識するようになる。すると、従業員の顔が三宝荒神分身顔になって、その意識がより浸透していくのである。

三宝荒神にお願いしてから集金先に出掛けると、おだやかに言おうとしても、自然と顔が厳しくなる。さらに、「いつ返していただけますか」と声も一段と低くなり、どんな気弱な人間でも自然とドスが利いてくる。これも三宝荒神様の御利益の一つだ。

デッドストックは、特に小売業者にとっては死活問題である。

あるとき、イオン水製造機を売っている業者が、「このままでいくと今月の中旬に不渡りを出してしまう」と電話をかけてきた。聞けば、すでにビルも何もかも売ったというではないか。イオン水製造機の小売り販売をするのに、なぜビルを売り飛ばさなければならないのか不思議でならなかった。

しかし、小売りではこういうことはよく起きがちなのである。そこで、小売り部門、さらには末端ユーザーに直接売って行くという訪販についてお話をしたい。

イオン水製造機の販売では、メーカーから何台以上か買うと掛け率が安くなる。そこで、掛け率の安いほうがいいからと、在庫が残っているのにまとめて買う。前にもお話したように、在庫というのは財務上は利益である。しかし、財務上は利益と見なされても、その品物で給料は払えない。イオン水製造機をやるからこれで家賃の代わりにしてくれなどとは言えないわけだ。品物の購入も、家賃も、水道代、電気代もすべて支払いはキャッシュでしなければならない。

結局、現金は月次、給料、家賃、諸経費で消えていく。で、あっちからもこっちからも借金をして金利がかさむ。こういう悪循環に捕まってしまうのだ。

ついには、借金をしつくしてサラ金からも借り、揚げ句に、倒産という事態を迎えることになってしまう。それも、何億という額でそうなったのなら話はまだ分かるが、イオン水製造機をより安く仕入れようと支払ってしまった、わずか数百万円のお金でそうなってしまうのである。

死んでも従業員を守るという覚悟があるか

こうなったら、私ならまず最初に死を覚悟する。「ようし、死んでも従業員を守らなきゃいかん。会社を守らなきゃいかん」と、腹を決める。そして、そこで恥を捨てる。命を捨てる覚悟ができたら恥など捨てられる。そして死を覚悟して会社を、従業員を守ろうとする。なんとなれば、愛があるからだ。

そこまで腹をくくったら、恥をしのんで、切った手形を返してもらいに行く。かつて、あのミサワホームの三澤千代治さんが、「私に金を貸してくれ。生命保険に入っているから、自分が死んだら保険が入る。それで払うから、金を貸してくれ」と頼みに行ったように。あの三澤さんですら、命を張ったのだ。

そして、土下座して手形を一つずつ回収していく。完全に回収できるまで、とにかく祈りまくり、土下座しまくって、一つずつ手形を回収できたら、まず倒産は免れる。政治家も選挙のときには土下座するではないか。そんなこともできずに会社を経営できるなどと思ってもらっては困る。

しかし、ここまで腹をくくる前に、私ならそういう事態がくる可能性を事前に察知して手形をいっさい切らない。手形さえ切らなければ、電話は止まるが、家賃、水道代、電気代は二〜三カ月は待ってもらえる。倒産は防げるのだ。

「経理の者に持ち逃げされてしまいまして。まあなんとかやっていけそうなんですが、今月の支払いはちょっとむずかしいので」とか、「泥棒に入られまして」「取込み詐欺で」とか、言い訳はいくらでもある。

これを二十日前にやる。少なくとも十日前か十五日前かに先手先手を打って、自分の方から行く。言いに行くのは、夜の八時ぐらいがよろしい。夕食が終わって、ホームドラマが始まる頃に、相手の好物を持って夜訪するのだ。ホームドラマが始まる前なら、ドラマをビデオに撮ることもできる。相手もまだ諦めがつく可能性があるからだ。

しかも、行くなら、なるべく雨が降っている寒い夜に、「浮遊霊か地縛霊か」

という風情で悄然として行く。それでも、足を運んで真っ正面から誠意で行くことだ。

これも私の体験からお話していることなのだ。

誠は必ず通ずる

実は、以前、宝石のビジネスをやっていたときに、従業員が安直な仕入れをやって八〇〇〇万円の在庫を抱えてしまった。当時、月の売上が三〇〇〇万～四〇〇〇万円のときである。いくら従業員がやったこととに言え、安直に仕入れさせてしまったのは私の責任である。

しかし、仕入れはしたものの、支払いができない。おまけに、まるで売れない。やむを得ず、支払いを延ばしてもらうために返品に行った。夜訪である。

今でも覚えているが、夜八時に夜訪して、相手の夕食が終わるまでずっと神様に祈り続けた。かくして一時間後、攻防戦のゴングは鳴った。

延々、深夜一時半まで謝り倒し、八〇〇〇万円すべて返品。おまけに、末締め翌月末現金払いの予定だった支払いを、二十日締め末日起算九十日現金に延ばして帰ってきたのである。

さすがに相手も憮然としていたが、その次に会ったときに、「あんたもよくやるね。あんたがいるんだったら会社は大丈夫だ。これからもまた品物納めていいですよ」と、お褒めの言葉を賜った。誠は必ず通じるものである。

品物を仕入れて支払えなくなったら返品する。できれば、初めから返品を了承してもらった上で品物を仕入れるのが一番。それも、売れる見込みができてきて、次にいくらぐらい売れるのかと数値を具体的に計算しながら、少しずつ仕入れていく。掛け率が少しぐらい高くても、急がば回れで少しずつ確実に仕入れていくことだ。

そして、販売ルートを確立し、毎月コンスタントにこれだけ売れると目算が立ったら、一度に仕入れたらいい。さらに、一度に仕入れて売れるようになったら、自分で工場を持って新しいブランドを作る。そうしたら、もっと粗利を稼げるようになる。

特に単品売りの訪販や、顧客に直接売っていく直接販売で物を仕入れる場合、返品ができるかどうかということを考えないと在庫を残してしまう。

返品ができずに仕入れたものが危なくなったら、夜訪でも土下座でもなんでもして「そこをなんとか」と言って押し返す。そうすれば、支払いはしなくていいはずなのだ。返品を認めてもらうという交渉力がないがゆえに、手形を切らなければならない。だから倒産してしまうのだ。

そこが経営者として甘い。ぎりぎり、とにかく手形を回収していく。次に返品する。そして、独力で売っていくという根性を持たなければだめだ。

商品を売るというのは、経営全般からみれば三割ぐらいのものだ。売るものもあれば仕入れるものもあるし、支払うものもある。さらに、お金のやり繰り、従業員の教育、労務管理、財務管理、資金調達、税金対策、宣伝広告。経営者はこのすべてをバランスよくやる実力が必要なのである。

人任せの経営者は失格。自分でやってから任せよ

だから、一つのことをやり始めたら、小さく始めて、これらの要素をバランス

よくできるまで訓練しなければならない。自分にその経験がないのに人任せにしたらどうなるか。その人間に牛耳られ、なんでも言いなりになってしまう。

最初は信頼に足る人物と任せていても、なんでも経営者が言いなりになっていると、どんな素晴らしい人間でも途中からおかしくなるものだ。しまいには、会社を手放さなければならなくなるのがオチである。

任せるというのなら、自分でやってみて、ある程度できると思ったところで、エキスパートに任せるようにする。そして、十分、目を光らせておくことを忘れないことだ。やはり、ある程度自分が若い頃に実践し、できた得意な分野の中から任せればいいのだ。

また、業績が上がってきたら、自分の得意な分野に関連した横流れの仕事にチャレンジしていく。よく、これが儲かるとばかり、まったく違う分野にいきなり進む経営者がいるが、まったく違う分野というのは、あれこれ実験的な試みを自分でやってみて、ある程度アウトラインが分かってからでないと難しい。

それより、自分の得意な分野で、しかも、利益が上がっているときに新しい試みをする。不況のときに新しい試みをやれば、つい、欲に目が曇って危ない。しかし、利益が上がっているときなら、失敗しても損金で落とせるし、税金を少し免れもする。未来への投資と考えることもできるわけだ。そういうゆとりのあるときにこそ、新しい試みをすべきであって、利益が圧迫されてアップアップしたときに、何か大きくやろうと思ったら、間違いなく一〇〇パーセント失敗する。

もし不況のとき、危なくなったときに始めたいのなら、大きく投資しないこと。少しずつ、もっとターゲットを細く絞って、その小さな分野だけに集中してビシッとやれば、あまり資本もかからないし、大きく人手がなくてもやれるわけだ。それも、今まで行ってきたことの周辺、関連の事柄なら、なお結構である。

業種の転換、転職は伊勢神宮

業種転換の話題が出たので、何かの事情で、業種を転換したり転職したりするときの秘訣についてお話したい。

拙著『会社は小さくても黒字が続けば一流だ』でもふれたが、菱研の会員にMさんという方がいらっしゃる。ある時、菱研の会員の方々と共に、伊勢神宮へ参拝に行ったのだが、その時Mさんの将来に関して、伊勢の神様からの御神示が降りたのだ。後ほどMさんに、私はこう申し上げた。

「三年後に、あなたは今とまったく違うことをして成功しています」

その当時、Mさんは自然食品の宅配をやっていらっしゃったのだが、その後、お父様がお亡くなりになり、自然食品の宅配から業種を転換して税理士事務所を開設された。実は、私も知らなかったのだが、Mさんは大学時代に税理士の免許をお持ちだったのだ。

そして今では、相続税を専門にする税理士事務所の社長さんとして立派に成功されている。大阪に自社ビルを持ち、その上、東京と大阪に二箇所の拠点を設けて、お客様の応対に大変で人が足りないくらいの大成功を収めていらっしゃる。まさに、私が伊勢神宮でMさんに申し上げたことが、そのとおりに成就したのだ。

なぜ、伊勢神宮だったのか。それは、業種を転換する（個人だったら転職）など、大きく方向を変えるときには、大きな働きをしてくださる位の高い神様がお働きになるからだ。それが伊勢神宮なのである。

このことについては『神社で奇跡の開運』（たちばな出版刊）にも書いたので、

それを参照していただきたいが、たとえば問屋業から小売へ、あるいは同じ小売でもファンシーグッズからまったく違うところへと、そのように大きく方向を変える場合には何と言っても伊勢神宮にお祈りするのが一番である。

できれば一年に一回は伊勢に行って、「なにとぞ会社のことを」とお祈りしたいものである。すると、大きく神様がお働きになってくださり、その時その時の最適の方向へと進めるように、環境を調えてくださるのだ。

もっとも、大きな神様は大きな転換を演出されるから、その分時間がかかる。環境を調えてくださるのに一年、二年、どんなに早くても六カ月はかかる。Mさんの場合も、伊勢神宮に行って業種を転換され、一年、二年と一生懸命努力されて三年目に花開かれた。大きな働きをしてくださる神様に動いていただくには、それだけの努力、研究が必要であることは言うまでもない。むしろ、その努力と研究の度合によって、神力が大きく動くか小さくなってしまうかが決まると言うべきであろう。

第四章　社員を神がからせる

企業の社会的責任

よく、企業の社会的責任ということが言われる。たとえば文化事業の後押し。IBMなどはクラシック・バレエやさまざまなクラシック・コンサートに寄付したりしている。

しかし、各企業が文化事業に寄付する額と言えば、景気がよかったときでさえ年間せいぜい五十万円とか、多くて一〇〇万円単位。不景気が続いてくると、これさえもなかなか難しくなってくる。

これもよく言われることだが、欧米諸国の企業は日本とは比べものにならないくらい積極的に、こうした文化事業やチャリティーを行っている。そのため海外から、確かに日本は金満大国だが、文化国家としては三流だと批判を受けたりもしている。

いったいこのギャップはどこからくるのだろうか。社会の形態、慣習というものの違いもさることながら、やはり税制面の違いが大きな要因になっているのだろうと思う。

と言うのも、アメリカとかオーストラリア、ヨーロッパでは、そういう公的なものに対する寄付金というのはすべて課税の対象外。つまり無税である。だからこそ、こうした国々では日本では考えられないほど、チャリティーとか福祉事業とか、公共のために益するものに対して企業が大胆に援助とバックアップができるわけだ。

一方、日本の企業の場合、課税の対象外になるのは資本金勘定の四パーセント程度のものでしかない（平成十三年当時：編集部注）。四パーセント以内ならば非課税になるが、それ以上はすべて課税されてしまう。海外に比べて日本の企業はチャリティーに積極的でないという批判の根っこに、こういう海外と日本との税制の違いがあることは否めないだろう。日本も欧米なみに税制をあらためれば、福祉事業や文化事業がいつも資金面で苦しむというようなことにはならないと思う。

しかし、私は何も、企業の価値は文化事業への取り組み方にあるなどと言いたいわけではない。確かに、企業が世の為人の為にお役に立ちたいと、チャリティーや文化事業を後押しすることは大切なことだ。しかしその前に、企業にはもっと大きな社会的責任がある。

それは、ドラッカーも言っているように、まず何よりも収益を上げ続けることだ。収益を上げ続けなければ、給料日にきちんと給料を支払うこともできなければ、ボーナスも出せなくなる。

収益を上げ続け、従業員やその家族の生活を支えていくことこそ、企業の第一の社会的責任なのである。

ましてや、倒産という事態を招くことはなんとしても避けなければならない。なかには連鎖倒産のあおりを受けて、関係先が一家離散、さらには自殺といった悲劇まで引き起こさないともかぎらない、という例も出てくる。そんなことにでもなったら、これほど社会に迷惑をかけることはあるまい。

収益を上げ続け、倒産の危機を招かない。企業の経営者にとって、あくまでも大前提である。これをクリアした上で、経営者が負っている社会的責任がもう一つある。

それは何か。従業員に、生き甲斐を持って、夢を持って、希望を持って、やる気を持って働いてもらうということである。

日本の企業は欧米の企業に比べてチャリティーや文化事業への貢献があまりにも低すぎるとお話したが、こと従業員に対しては、はるかに日本の企業の方が欧米の企業より社会的責任を取っている。その事について、少し述べてみよう。

欧米は従業員を〝道具〟と考え、日本は〝仲間〟と考える

世界的企業であるソニーの、かつての名誉会長・盛田昭夫氏は、次のような趣旨のことを言っている。

欧米の企業と日本の企業を比べたとき、いろいろな違いがあるが、一番大きな違いは従業員に対する経営者の考え方だ。欧米の企業の場合は、従業員を〝道具〟と考えている。それに対して日本の企業は、従業員は〝仲間〟であるという考え方をしている。この考え方の違いは大きい——と。

確かに、欧米の企業経営者は従業員のことを仲間とは思っていないようだ。仮に従業員を仲間だと考えているなら、自分が社長をしている企業からライバル社に移って社長になり、今までいた会社を叩きに回るなんてことはまずありえない。

ところが、欧米の企業のなかには、こういうことを平気でやってのける経営者がいるのだ。かつてフォード社の社長をしていたにもかかわらず、ライバル社のクライスラー社の社長（後に会長）になったアイアコッカ氏もその一人だった。

元の会社の従業員はさぞかし驚いたにちがいない。これはもう節操も義もあったものではない。さらに、クライスラー社に移ったあと、同社が収益を上げると、その収益を主に自分の給料で持って行ってしまった。これまた日本の企業の従業員にとっては信じられないことだ。

また、欧米企業の経営者は、従業員と共に苦労して発展させた自分の会社を、いとも簡単に身売りしてしまう。そして、身売りで得たお金を自分のものにする。

その昔、こんな例が話題になった。英国のヴァージン航空のリチャード・ブランソン社長は、従業員の血と汗で大きくなった傘下のヴァージンレコードを、従業員ごとポイとＥＭＩに売ってしまった。従業員の方も、ヨークシャーテリアのようにご主人が代わればまた代わったで、新しいご主人にさしたる疑問もなくついていくわけだ。

果たして日本の企業のトップが同じことをしたらどうだろう。従業員は、主人が代わった途端、一蓮托生で辞めて行ったり、働く意欲を無くしたりするだろう。

よく、欧米の場合は能力主義だという言い方をされるが、その後ろには、盛田さんが言うように従業員を道具として考えているという基本的な思想がある。

そうでなければ、多少景気が落ちたからといって、いともあっさりと何万人もの従業員をクビにしたりはしない。道具だと思っているから、必要がないときは情け容赦なくクビにするのだ。こういうようなことがまさに実行されているし、従業員もそんなものだと思っている。

よく、アメリカン・ドリーム、アメリカン・サクセスと言われるが、これは〝道具〟としか扱われていない人々が、人間として評価され一夜にして大富豪になるというおとぎ話に他ならない。ところが、たとえおとぎ話ではあっても、現実に自分と同じような境遇から立ち上がってアメリカン・ドリームを手にした人々がたくさんいる。誰にだってそのチャンスはあるという現実味を帯びたおとぎ話なのだ。だからこそ、アメリカでは成功者には惜しみない拍手を送るのである。

実際、アメリカではアイアコッカ氏のように、いったんサクセスを手にすれば、日本では考えられないような巨額の富を手にすることができる。

あるユダヤ系の証券会社の取締役たちなど、六億円ものボーナスをもらっていながら、それでもボーナスが少ないと不平を言っている。それくらい、成功した人間とそうではない人間の格差は歴然としている。だからこそ、個人のためにアメリカン・ドリームを必死で追い求めていくのだ。

アメリカでは能力がないと〝クビ〟は当然。だが日本は違う!

日本の企業の場合、一部上場の会社でも社長クラスで年収の平均が約三〇〇〇万円、多いところでも六〇〇〇万円。ときどきオーナー社長で年収が一億円を超えるという場合もあるが、とてもアメリカとは比較にならない(平成十三年当時：編集部注)。

だが、アメリカでは能力がないとみなされた途端に即刻クビだ。これに対して日本の企業というのは、従業員は自分たちの仲間だという考え方。一緒に利益を上げ、業務を発展させて会社を成功させていく、その仲間同士なんだという考えだ。

ソニーはアメリカにある現地法人で、この日本式考え方を導入した。すると、最初は従業員全員が「そんなバカな」とニヤニヤ笑っていたものの、会社が本気で自分たちのことを仲間だと考えていることを知ると、猛烈に働き始めたという。それはもう、日本の経営陣が想像もつかなかったくらいに猛烈に仕事に励んだというのだ。

彼らがそれだけやる気になったのは、たとえば不況のとき、全社員一緒になって耐え忍ぶんだと、役員が率先して賞与をカットする。そうやって、役員たちが自分たちの給料を抑えてでも従業員のために給料を払い、クビを切らずに何とか耐え忍ぼうとしているのを目の前にして、彼らはやっと「自分も仲間だと思われているんだ」と理解したのである。

こういう事実を見ていると、いかに経営者の姿勢、経営者の態度、経営者のものの考え方、そしてその熱意と価値観が、従業員に影響していくかがよく分かる。だから、社員が悪いなどとは口が裂けても言うべきではない。社員が悪いのは、経営者の姿勢、態度、ものの考え方、熱意、価値観に問題があるからなのだ。

一流の経営者なら、経営者と従業員同士が仲間となって売上を上げ、収益を上げていく。そして、収益を上げ続けたらボーナスで還元していく。そうすれば、会社の経営基盤は磐石なものになっていくわけだ。

さらに、経営者の姿勢と価値観のなかに「世の為人の為」というものが薄ければ、従業員に生き甲斐を与えることはできない。

「自分たちの会社はこんなに社会に役に立っている。自分がもっともっと仕事に励めば、もっともっと社会に役立つことができるんだ」

従業員がこういう気持ちになるかどうかは、経営者次第なのである。

経営者は、仕事のやり甲斐と情熱を従業員が分かるまで語り続けよ

例えば予備校の経営に関して、私はこう考えている。

受験の合否はその生徒の生涯に大きく影響する。ストレスのたまる仕事にはちがいないが、成績の悪かった受験生が、夢にまで見た一流大学の志望校にバンバンと合格したら、その喜びは他に代えがたい。その人の人生を大きく変えてあげることができるのだ。

その生徒の人生を、大きく大吉の方へ、幸運の方へと変えるお手伝いができる

のだ。神仏の世界では、体施、物施、法施の三つの徳積みがあるが、まさに法施の極み。これほど生き甲斐があり、やり甲斐のあることはない。私はこの思いでやっているし、従業員にも常にそう言っている。

もちろん、従業員には経営者が十思っていることの十分の一しか伝わらない。経営者の志をどうしたら従業員に伝えることができるかと言えば、十を伝えたかったら百思えばいいのだ。熱意を百持って、そして何回も繰り返す。

自分たちはこのように社会に役に立ち、みなさんに喜ばれるようないい物を作るんだという情熱、理念。これを、何度も何度も繰り返し繰り返し百倍の熱意を持って言い続ける。そうしていると、従業員に十は伝わる。

そういう熱意のない経営者の下では、社員たちは自分たちが何のために働いていて、今働いていることは何のためになるのか分からない。これでは、士気が上がらないのも当たり前だ。やはり、生き甲斐とやり甲斐と情熱というものを、社員に持たせてあげることだ。仕事に対して情熱がにじみ出てこなければダメなのだ。

松下幸之助氏は、これを見事にやって見せてくれたが、松下氏にこのことを気づかせた、あるエピソードがあった。あるとき、松下氏が天理教に行ったのである。すると、みんなが〝ひのきしん〟といってご奉仕をしていた。みんなハッピを着て、喜々として無料奉仕に励んでいる。

この姿を見たとき、松下氏は考えた。なんでこの人たちはこんなに生き生きと、喜々として働けるんだろうか、と。そして、松下氏は気がついた。何のために自分たちが奉仕をしているのかという、宗教精神、宗教理念を各自が持っているからだ。自分がしていることが、世の為人の為になっているという確信と宗教的情熱があるからこそできるのだ、と。

松下氏はこれをヒントにして、社員にそういう夢と希望を語り、自分たちがしている仕事がどれだけ世の為人の為に役に立っているのかということを、ことあるごとに熱意を持って言い続け、説き続けた。

それこそ一〇〇の情熱で説き続けていくうちに、社員たちにも松下氏の志が十、十一、十二とどんどん伝わっていったのは言うまでもない。

そのうち、社員たちは夜十時、十一時まで仕事をするようになった。松下氏が「きみたち、今日はもう帰りなさい」と言うと、逆に、「いいえ、これをやらなければ帰りません」と社員たちは怒り出したという。そこまで社員たちは松下氏の志に共鳴し、情熱的に生まれ変わったのだ。

自分たちの仕事が、世の為人の為、どのように役立っているのかを自分で考え、絶えず言い続けて、従業員を道具ではなく仲間として考えていく。

経営者がこうすれば、社員みんながやる気に満ちていき、生き甲斐とやり甲斐を持って喜々として仕事に励む。それが、社員一人ひとりの幸せであり、その幸せが社員の家族にもどんどん広がっていくのだ。

これこそ社会貢献だし、世の為人の為に役に立つ近道だし、人々を、あるいは社会を良くしていくという企業の社会的責任を果たしているということになる。

そういう生き様は、天地の理に合っている。愛と真心と神仏の御心にも合っている。だから、そういうことができている経営者が神社仏閣にお祈りすれば、神仏は必ず動いてくださり、会社は繁栄していく。

会社の繁栄というのは、天地の法則、大自然の法則に則ったものでなければ続くわけがない。こういう考え方を根幹に持った経営者の像というものを、少なくとも神様や仏様を信じる人間ならば、絶対に追い求め実現しなくてはならないことだと思う。

また、お祈りとかご祈願の前に、経営者はその部分が本当にできているのかどうか、朝な夕なに考えて、問い詰めて、襟を正すべきである。

社員を生き生きさせる法

よく話をする好例がある。セゾングループから経営コンサルタント会社の船井総研に転職され、同社で取締役をされた三上さんという方がいらっしゃる。その三上さんは、長年にわたって「社員を生き生きさせるにはどうしたらいいのだろうか」ということをコンサルティングのテーマにしてきた人だ。

人間は、神様が生んでくれた神の子である。せっかく生まれた神の子だから、自分が生き生きと生活しているときに神は生んだ価値があったな、よく生き生きしてくれるなと喜んでくれるはずだ。

父親、母親が喜んでくれるのは、息子が生き生きとしているときだ。つまり、自分が生き生き人生を送っていることは両親に対する孝行である。神様に対しても同じこと、生き生きと生活していることが神様への孝行になるはずだ。だから、あらゆる組織は個人を生き生きとさせるために存在しているはずで、会社の経営者に「生き生きする仕組みを作ろう」と提案するのが自分の仕事だとおっしゃる。

そのための第一のポイントは、リーダーである社長が生き生きとしていなければダメだということ。その次に、支店を展開しているのなら支店長が生き生きとしていること、さらに、中間管理職が生き生きしていると部下が生き生きしてくる。だから、まずトップの社長が生き生きすることが第一のポイントというわけだ。

ボトムアップではダメなのだ。トップが生き生きとしていないときは、元気な息吹が末端まで浸透していかない。要するに、繁栄する霊界ができていないということである。

もう一つ、会社全体を生き生きとさせるためには、情報の公開が欠かせない。末端の社員まで行き渡るように、今会社がどうなっているか、どんな方向を目指しているのか、今何が必要なのか、などすべての情報を公開する。そして、社員が努力して利益が上がったら、その努力がどういうふうに報われるかの仕組み作りが大事になる。

つまり、会社が良くなったら自分が良くなるんだ、という仕組みだ。努力すれば、自分の生活や自分の地位が上がってくると分かれば、社員が生き生きと働いてくれる。努力したけれども自分の生活は一向に良くならないというのでは、会社はたちまち崩壊してしまう。

会社は、これこれこういうふうになっていて、これからこうなっていくんだということが社員に知らされて還元されていないと、会社はたちまち動脈硬化を起こしてしまうのだ。

会社に息吹を与える青龍神

戦わない会社はまずありえない。会社を構えたかぎり、内的戦い、外的戦い、どこにでも戦場はある。それらに勝っていかなければこの経済社会で生き残ることはできない。

この戦いは、経営者一人では勝てない。経営者、従業員が一丸となって戦わないかぎり勝ち目はないのである。ならば、いかに従業員の士気を高め、戦闘意欲を維持していくか、それが勝負の分かれ目となる。ここで動いてくださるのが、青龍神である。

青龍神は戦いの神様である。青龍神にお祈りすれば、経営者はもちろんのこと、従業員すべての意識に働きかけ、「やるぞーっ！」というガッツをメラメラと燃やしてくださるのだ。まさに勇気百倍。これほど強烈でありがたいご加護はない。また、青龍神は智略の神様でもある。全社一丸となって「やるぞーっ！」とガッツを授けてくれると同時に、いかにして戦って勝利を収めるのか、その戦略、戦術を与えてもくださる。

言うまでもなく、企業経営にとって戦略と戦術は欠かせない。売れる商品をいかに作るか、これが戦略。これが的中すれば、売り方が多少まずくても、いくらでも商品は売れていく。逆に、商品がまあまあのとき、それをいかに売っていくのかというのが戦術だ。戦略が六割から七割、戦術が三割から四割。これが経営の常識になっている。

抜群の戦略と戦術を駆使した名将、楠木正成と上杉謙信には毘沙門天の守護があったが、その毘沙門天も実は青龍神の化身に他ならない。戦略、戦術がはっきりしないというときには、毘沙門天に祈願したらいい。

このように、青龍神は企業の進むべき方向性を具体的な戦略、戦術という形で示してくださる。それは、戦略、戦術を練るための会議において、まさに神がかりとしか言いようのない力となって示してくださるのだ。

社員を神がからせる会議のやり方

信仰と経営を両立させ、それを企業の活動に活用する。あるいはまた、企業活動の中で神なるものを吸収して魂の糧にしていく。そのためにはどのようにすればよいのか。

仕事は仕事、御神業は御神業というふうに考えるのではなく、仕事を進めていくプロセスの中に神業があると考える。すなわち、仕事を推進していく時に己の内面をどう持っていくか、また仕事の中でキャッチするものの考え方、こうしたものを総称して神業と言うのだ。

だから、仕事は仕事、神業は神業と割り切るのではなく、双方を融合していかなければいけない。それが、生活の中における御神業の実践であり、生活修行であり、神道の基本的な実践倫理に他ならない。このように、仕事がそのまま神業になれば、仕事の中に次々と神なる智恵が湧き、神なるご加護が得られるのだ。

このことを踏まえて、神業的に会議を進めるにはどうしたらいいのかをお話したい。

まず大事なのが始まり。世間一般で行われている会議では、全員が着席してから「今から会議をします。ビシッとやりましょう」という形で始まる。しかし、これはまったくの間違いである。これでは、普通の知的ディスカッションの会議になってしまう。そこには、神なる智恵はまったく湧いてこない。

本来は、会議の場に向かっていくプロセスで、すでに会議は始まっているのだ。ここが大事なポイントである。

具体的にお話しよう。まず、会議の場に向かうまでの間に、己の心を神霊界に向けて、二つのことを念頭に置く。

まず一つは、「会議は会議、仕事は仕事、会議だからビシッとやろう」というのではなく、こう念じる。

「只今から会議を行います。神様の御心に合うように、会社が素晴らしくなるように、従業員が素晴らしくなるように、懸案事項が解決いたしまして取引先も販売先も社員も幸多き繁栄の道に行くような会議になりますように、神様のお取次ぎをさせていただきます」

このお取次ぎの思想、お取次ぎをさせていただくことをお許しくださいという発想は、日常のどのような事柄にも通じることだ。もちろん、私自身も何をするときでもいつもこういう気持ちでやっている。

世の中には、会議の前に「お祈りをして始めましょう」とか「祈り合わせをしましょう」と言って、お祈りしてから会議を始める人もいる。

しかしこれも、「自分がこう思う。こうしたい。だからお願いいたします」というのでは効果は薄い。それは〝おかげ信仰〟といって、自分の願望が先に立っている。その分、自分の欲で想いが曇っているし、自分が良いと思う願いを神様に押しつけている感がある。

それでも神様は聞いてはくださるが、こうあってほしいという欲望とか念がある分だけ、やはり、霊的な感度とか、神の働きが鈍くなってしまうのだ。

まず、今置かれた環境が自分には重要だと考えよ

　私自身、大学時代から三十五歳ぐらいまで、自分がやってみたい、こうしたいということは、なに一つとして叶えられたことはなかった。だが、人様に対して良かれと思ってやったことは、すべて一〇〇パーセント成就した。自分自身でこうありたいと思ったことは、何一つ成就しないのだ。

　第一章でふれたように、神様から与えられたものや今置かれている環境、これが御神意だと考える。つまり、神様は「今はこれをせよ」とおっしゃっているのだと理解する。それを、自分の願望からあれをしたい、これをしたいということで始めると、ことごとくダメになっていく。とにかく、今あるものが神の御心と思うことが大事なのだ。

　あくまでも、「神様のお取次ぎをさせていただく」のだという気持ちでなければならないということだ。そうするとどうなるか。先天の世界、神霊の世界の方

が主となり、自分というものが従になる。すると、肩の力や「自分が、自分が」という力みがパーンと抜ける。

肩の力が抜けた分だけどうなるかというと、ひらめき、発想、神なる世界のもののウエイトが大きくなって、自分が今まで思ってもいなかったようなことが浮かんでくる。

さらに、会議に出ている社員も神がかってくる。社長だけが御神業を行っていて、あとの従業員は御神業とはまったく関係ないという会社でも、代表者がそういう気持ちになると、すべての社員に神がかる。

たとえば、「自分では何か知らないけれども、言わされてしまう」とか、「自分でも思っていないのに、社長の前で話をすると良いことが浮かんでくる」とか、普段では思いもつかなかったような素晴らしいアイデアが、社員たちの頭の中にふつふつと湧き出してくるのだ。

これはもう、社長の霊力。そうなるためには、己の我力を捨てて、主になるものを〝この世の基準〟から〝あの世の基準〟に置き換えるということから入っていく。そのためのお祈りをしてから会議が始まるのだ。あるいは、人前で祈ることができなければ、会議が始まるまでの道すがら、あるいはトイレの中で、あるいは会議が始まる前にもう一回、心の中で挨拶をして会議を始めていく。するとスーッと先天の智恵が巡り出てくる会議になる。これがまず第一点の重要なところだ。

人間が考えた答えと、神がかって出た答えは天地の差

もう一つは何かというと、会議の進め方、結論の出し方である。普通の会議では、自分たちが話し合っていきながら、結論に達するというのが一般的だ。しかし、この世の人の考え方などは、御神業に生きていたり、神霊界に生きている人から見れば、あまりにもレベルが低すぎる。自分たちが話し合って結論を出すというやり方では、神力が動いていない分だけ、発想、ひらめき、予知力、それから融和の力が弱いのだ。こういう考え方で会議をやろうとするのが間違いなのである。

では、どういうふうに進めていけばいいのか。その基本となる考え方はこうだ。

「結論は、もうすでにある。高天原で決まっている。神様は全知全能だからすべてご存じだ」

神様がすでにご存じのその答えを、会議の場に降ろしていただくというふうに考える。これで一層我力が抜ける。我力が抜けた分だけ、思ってもみないような発想、ひらめきが浮かんでくるし、思ってもみなかったような成り行きになって結論が出てくる。

神様と人とがお互いにはかり合っていくという神人合一の道について、御神業言葉ではこう言う。

「神《かむ》はかりにはかり、それを人はかりにはかり、人はかりにはかったものを神様に提案し、それをまた神はかりにかける」

たとえば『古事記』には、高天原で思《おもいかねの》兼神様が議長になっていろいろ会議をしている様子が書かれているが、その中に、こんな一節がある。

高天原での会議で「武甕槌《たけみかづち》の神様を地上に遣わそう」ということになり、武甕槌の神様が地上に降りられる。すると、天上界から使者が来たぞということで、今度は国津神同士が話をして神様に申し上げる。

このように、高天原の神様も神はかりなさって、それを地上界に降ろし、それについてまた人間界であれこれ話し合いをして神様に申し上げるということが行われていた。

つまり、神様は高天原で神はかりをなさり、それで葦原の中津国でも人はかりをするわけだ。高天原と葦原の中津国の両方がはかり合っているのだが、葦原の中津国の我々は、高天原で神様がお考えになったことを地に降ろすという考え方なのである。

最高の答えは既にあり。それを降ろせ！

理想の形、人事の異動、販売の新しい作戦、仕入先をどうするか、販売戦略をどうするか、企画をどうするかということも、実はすべて、神様が既に最高の答えを出してくださっている。

神様は、全知全能で未来も分かるし、人の心も分かる、業者の手の内も、マーケットがどうなっていくのかも、経済も景気もすべてご存じなのだ。神様はそれだけの叡智と能力と才能を持っておられるのだから、我々はそれを素直に降ろせばよろしい。

自分たちが考えて練ったものを、「神様、ご守護お願いします」とか、「これでよろしいでしょうか」というのが、いかに間違っていたかお分かりだろう。最初に、「お取り次ぎをさせていただきます」ということから入っていって、次に「もともと決まっているんだ」と思いながら、「それは何だろう」と話を進めていく。

そうすると、自分たちが想像する以上に素晴らしい智恵が浮かんできて、ひらめいて、発展して、素晴らしい会議となる。これが本当の神人合一の会議である。

これが本当にできたときには、わずか五、六分で結論が出ることさえある。たとえば、「僕は会議の前にこう思っていたんだけど」と誰かが言うと、「あっ、私も同じことを思っていたんです」とパッと反応が出てくる。あるいは、「僕はこうしようかなと思っていたんですが」と誰かが言うと、「いや、僕も同じことを思っていたんです」「えっ、僕もそう思っていたんですよ」と、その場が一気にスパークしたように一発で合意するのだ。

それはまるで、割符《わりふ》が合ったようにビシッと一つの結論に全員が合意する。要するに、全員の呼吸が一致するのだ。

つまり、先天の智恵が動いているわけで、お互いが「僕も思っていた」「僕も思っていた」というのは、上から来る神様の御心をお互いがキャッチしていたということなのだ。だから、ごたごた議論することなく五、六分で決まってしまう。

万が一、全員がスパッと納得している中で一人がたがた言う人間がいたら、その人は先天の智恵を受けるアンテナがさびついている。次から会議に出さなければよろしい。

先ほども言ったように、社長だけしか御神業をやっていない会社の会議でも、社長自身が「必ず神様の思《おぼ》し召しのように会議が進む」という思いで会議を行えば、最終的にお互い、「あっ、そうだね。そうだね」と全員が一致して、社長の思うような方向、ひらめいたような方向に会議が進んでいく。

社長がそういうふうに腹で祝詞をあげながら「神の思し召しにいちばんふさわしい方へ必ず行くんだ」と思っていれば、会議の方向は必ずそっちの方向へいく。そして、みんなが「そうだね」と一致するポイントへと会議が流れていく。

その会議の結論、決まった事柄というのはすべて、現実界のツボにピタッとはまっている。実行してみたら、みんなツボにはまることなのだ。まさに神なる智恵である。

人間の頭だけで考えた結論では勝てない！　神智を導入せよ

ところが、頭で考え、インテレクチャルなディスカッションやディベートで出した結論というのは、所詮、人間が考えたことである。お互いがディスカッションし尽くして納得しても、実際問題としてやってみたら、適合する場合もあれば、しない場合もある。適合しない場合の方が多いと言ってもいい。

よく知られているが、カルタゴの将軍ハンニバル（ローマと戦った名将）の言葉に、「満場一致は採用しない」というものがある。これは、人間同士で会議をすることの限界を見事に言い当てたものだ。

つまり、満場一致で決まるということは、みんながそう思ったからそういう結論が出たということだ。しかし、みんなが思うことなら敵だって同じことを考えて当然である。そんなものは、とっくに相手に手の内を読まれてしまっている。

ハンニバルは、だからこそ、それを超えたものを出さないと勝てないと言っているのである。人的レベルのディスカッションなどというものが引き出した満場一致の結論では、到底、戦争には勝てないことを将軍は熟知していたのである。

戦は正で臨み、奇で勝つ。八割ぐらいを正攻法で臨むが、勝ち負けを決めるのはあとの二割。それが、相手が思いつかなかったような作戦、つまり、奇策である。

勝負は勝つときもあり、負けるときもあるが、奇襲作戦が八割で正攻法が二割になっては確実な勝利はできない。八割まで正攻法で攻めて行って、二割の奇策で勝つ。これが勝負のポイントである。

会社の経営も同じこと。人的レベルの会議で満場一致でみんなで決めたということは、どの会社でも誰でもが考えることでしかない。そんなもので進めて行っても、平々凡々なやり方しかできず、大きく勝つことなど望むべくもない。

大きいマーケットで小さい者が勝っていく、あるいは、同業他社のなかで抜きん出た業績を上げていくには、ただ単なる努力ではダメ。努力の方向性の質と量、そして先見性、ユニークさというものがあればある分、独自の収益性と企業の個性が発揮されるのだ。

そうでなければ、資金の競争、値段の競争、人材の力との競争に巻き込まれざるを得ない。誰が見ても、こういう戦場で小さな者が大きな者に勝てるわけがない。中小企業は大企業の圧倒的なパワーにひねり潰されるのがオチである。

しかし、もともと、中小企業はそういう戦場で生きていない。いかに人よりも抜きん出たところで勝負していけるか、ということで勝負しているわけだ。相手に手の内を読まれるようなことをやっていたのでは生き残れない。企業の方向性、営業戦略、ポリシーを決めるにあたってはなおさらのことだ。

誰もが考えるようなものは要注意！

一流の経営者のなかには、これを実践している経営者が少なくない。かつての、西武グループのオーナー、堤義明氏もその一人であったことはよく知られている。堤氏は、取締役会で満場一致で決まった事柄というのは絶対に採用しなかったという。

たとえば、バブル華やかなりし頃、取締役会はこぞって「今は土地の価格がどんどん上がっている。土地投機のチャンスだ」と満場一致で決めた。西武鉄道には広大な私有地があり、資金力もある。その気になればバブルに踊ることもできた。

だが、堤氏は「みんながやることをやってもしようがない」と、これに乗らなかった。世の中がバブル一色だった頃に、西武グループだけは土地の買い占めも、土地転がしもいっさいやらなかったのだ。おかげで、バブル崩壊の被害とは殆ど無縁だった。無傷に等しいと言ってもいい。それだけ、先見の明があるということだ。

その堤義明氏の後ろには箱根の九頭龍様が守っている。九頭龍様の御社を開建されたり、寄付したりしたのも堤義明氏だ。すでに、彼のご尊父である堤康次郎氏が箱根神社と九頭龍信仰を熱心にやっておられたことはお話したが、義明氏も康次郎氏から薫陶を受けて、熱心に箱根神社と九頭龍信仰を今なおやっていらっしゃる。

こういう先見性を見るにつけ、九頭龍大神がおかかりになった智恵のすごさを実感する。

さて、ハンニバルや堤義明氏のやり方に対して、私には深見東州流のやり方がある。これをお話しよう。

深見東州流の神意キャッチ術

結論から申し上げると、あまり会議をしない、みんなで打ち合わせをしないことである。

みんなが一致協力して決めたことというのは、従来の形ある規範の中から考えて、自分たちの考えを交換したものである。それで決まったことというのは、おのずから、ありきたりのものしか出てこない。

もちろん、事務的な事柄とか、事務的な裁量の中で処理していく事柄はみんなで話し合って決めればいい。だが、新しい打ち出し、これから先の流通、また、これから先の事業展開、顧客や同業他社に出していく商品構成などなど、会社の舵取りに関する事柄は、絶対にみんなで協議して決めてはいけない。

みんなが話し合った結論というのは、人間レベルの知性の中で割り出したものでしかなく、従来のパターンとか、従来のやり方の枠内で納まっているものでしかない。スパッと超えた企画とかアイデアではないのだ。

だからこそ、先天の智恵をいただいての会議が必要になる。そういう会議では、知性の交換に終始するようなことはない。なんとなく対話や言葉のニュアンスのやりとりをしていく中で、上からバンとくるものがあるからだ。それは、人知を超えたもの、他から抜きん出たもの、今まで生み出すことができなかったヒットである。

とは言え、ただ単に、なんとなく気の交流をやっていたのでは、上からバンとくるものは出てこない。やはり、神なるものが出てくる原則があるのだ。その原則とは何か。

それは、「愛念に基づいているところ、愛に帰一するものでなければ、正神界からくる正しい神なるものは降りてはこない」ということだ。

具体的にお話しよう。

お客様は神様だと思い、「お客様に喜んでいただけますように」

「従業員に喜んでいただけますように」
「取締役の全員も納得されますように」
「仕入先や販売先に真に喜ばれますように」

この愛念をひたすらに貫いた祈りであらねばならない。

この原則が分かっている者同士だったら、みんなが一丸となって祈りを捧げる。頭で、「祈りを捧げなければ」と考える前に、もうすでに祈りの真中にいるというぐらいに、愛念の祈りの真中に自分が没入する。

そうやって神様にいつも投げていて、それでなんとなく話をしていると上からブワッとくる。上からブワッときながら話し合いもしている。

だから、知的討論や知的ディスカッション、話し合いとか、打ち合わせとかいって、会議が長くなればなるほどダメになる。お互いの我念と邪念の念力と、観念と頭脳のやりとりでどろどろになってしまうからだ。その様子は、霊界から見れば、タコやイカの墨がどろどろになっているような感じに見える。

そういう侃々諤々《かんかんがくがく》の議論になったら、胸でずーっとこうお祈りをすればいい。

「本当にお客さんに喜ばれ、本当に販売先や仕入先や社員が喜んでくださる結果になりますように。特にお客様第一で喜ばれるようなものができますように」

勝つとか負けるとか、いいアイデアを出すとかなど一切思わずに、愛念の中に徹するように、胸の奥に帰っていく。そうすると、会議がそういうふうに流れていく。

そうすると、自分たちの及びもつかなかったようなアイデアとか、ひらめき、面白い打ち出しもの、面白い企画、今までなかった新しい運営のやり方というものが、上からバンと降りてきて、結論に達する。

これこそが、神様が与えてくださった叡智なのである。そういう叡智こそが、御神業を進めていくことと、経営を進めていくことをイコールにするのだ。

当然の結果として、神なる叡智でやっていれば事業はすべて成功していく。みんなもハッピーエンドで終わっていく。

お互いが人知でディスカッションしているような会議ではダメなのだ。愛念の祈りの間中に入って、ひらめきと祈りの中に入りきったら、上からアイデアがシユーッと降りてくる。毘沙門天や三宝荒神や守護霊、社員や取締役の守護霊が出てきて、ヒラメキの形で教えてくれる。そこから、斬新なアイデア、超えた経営、優れたノウハウ、企業の独自性が出てくるわけだ。

こういうことを毎回心がけていく経営者であれば、どんな不況の中でも、ライバルがひしめき合う中でも、それなりに黒字を出し続けて、優れた業績を上げ続けられる企業になるはずである。ここに、御神業と経営との両立ということを見い出すことができるのである。

人材不足の時には宗像大社

前にもお話したように、中小企業には大企業に集まるような優秀な人材はなかなか入ってこない。「私どもの会社は人材に恵まれまして、優秀な人材がいっぱいいます」などという中小企業は、見たこともも聞いたこともない。

一〇〇人の中小企業の経営者、一〇〇〇人の中小企業経営者は、「なかなか優秀な人材がいなくて」と口を揃えて言っている。

当然のことで、優秀な人材は最初から大企業を目指して学業に励み、それなりにスイスイと学校を出ているし、父兄もきちんとしていてそれなりにコネがある。

だから、名前の通った一部上場の会社や、それなりのところに就職していくのだ。

好き好んで中小企業の門を叩こうなどというエリートはあまりいない。いるとすれば、親戚縁者か、学校の友だち同士、先輩後輩の関係、さもなくば、一緒にやろうと会社を設立した仲間とか、いずれにしろ個人的な引きで来た人間だけだ。

それ以外の募集で来た人材は、何らかの理由でドロップアウトした人間が多い。これが、従業員二十〜三十人の中小企業の現実である。

もし仮に、優秀な従業員がいたとしても、しばらくして仕事を覚えたら独立してしまう。才能と能力のある人は、自分でやってみたいという気持ちを強く持つ。殆どの中小企業経営者も、そうやって独立してきているはずだ。いつか、必ず寝首をかかれると思って間違いはない。

となると、中小企業の経営者にとっていちばん欲しい人材は、それほど優秀でもなく、それほどバカでもない、優秀すぎずにバカすぎない、この〝優バカ〟になる。これが力になる人材なのだ。

こういう人材なら、任せた事柄に関しては着実にやる。中小企業にとってこういう絶妙な人材を与えてくれる唯一の神様が宗像大社である。

宗像の神様は「縁を作る」というお働きが専門である。次から次へと人材が来ることだろう。しかし、その後はあなた次第だ。新しい人材が来ても、その人間を養うだけの実力が会社側になければ、せっかくの人材も去って行ってしまう。

よく、「従業員がすぐに辞めていく」と愚痴をこぼしている中小企業の経営者を見るが、それは自分の方に問題があると思って間違いはない。例えば、経営者が愛人を囲っていたりとか、仕事に熱心でなかったりとか、やたらと部下にあたりちらすとか……。

従業員は社長のそういう姿勢を見て「もうついていけない」と去って行くのである。

だから、せっかく宗像の神様が人材を与えてくださっても、それを確保するためには自分を磨いていなければダメだ。社長は、誰の目から見ても尊敬できるような毎日を送っていなければいけないのである。

愛念の濃度で、神仏の応援の如何が決まる

会社の経営者にとって大切な資質の一つに「愛念」がある。「愛をもって帰一するを真心となす」という言葉があるが、経営者が販売先、仕入先および社員に対して愛情をかけている会社は、どことなく温かく明るい雰囲気を持っている。

逆に、何でも金、金、金と合理的な経営を追求していこうとする会社は、クールな感じがするものだ。時にはクールを通り越して、暗かったり、けだるかったりもする。

このように、経営者の思いが会社の社風や雰囲気を決めてしまうのだが、それ以上にその会社を包む霊界を形成してしまう。経営者の愛念によって、神仏がその会社や従業員にかかられるか否かが決まってしまうのだ。経営者に愛念がなければ、神仏は決してその会社に対してお働きにはならない。

では、我々はどのような愛念を持てばいいのか。ここで問題になるのが愛念の濃度だ。例えば、悩みを持つ社員があなたのところへ相談に来たとする。その時に、神様、そしてその社員の守護霊様、守護神様、御魂《みたま》様に対して濃い愛念でお

祈りすることで、あなたの愛の思いが相手に伝わり、彼のやる気と情熱を湧き立たせ、温かい気持ちにすることができる。

特に女子社員に対しては、このような心遣いが不可欠である。女性は一般的に情念に敏感であるからなおさらだ。女子社員が会社に望むものは、楽しい職場だ。温かい人間関係の中で楽しく仕事をすることが彼女たちの幸せなのだから、濃い愛念を彼女たちに向けてあげればいい。そういう会社であれば、一生懸命に仕事にも励んでくれる。

対して男性社員は、人間関係や雰囲気だけでは満足しない。それぞれが未来のビジョンや野心を秘めているのだから、やはり役職や給与等で報いてあげるのがよい。それのみならず、「君には期待しているよ。頑張れば、君にはこういう未来がある。こういう出世の道がある」と、相手に「期待されているんだ」という未来実感を持たせること。または、「君の才能はすばらしい。天下一品だ。わが社の宝だ」と、能力を評価してあげることだ。

気をつけるべきことは、愛念を表現する上で、言葉足らずは大敵だ、ということだ。「言葉に出さなくても、私が評価していることは知っているだろう」などという態度でロクに誉めもせずに社員を使っていると、どんな優秀な社員もやる気をなくす。言葉足らずは自らの怠慢だと思った方がよい。

愛念をかけるのも、言葉をかけるのも何の元手もかからない。それで社内が和み、生産性がアップし、あなたの人望が高まるのだから、これを実践しない手はないだろう。ただし、これが打算で行われれば、愛念でなく策略になってしまう。どことなく隠せない暗さと冷たさが漂い、逆効果にもなりかねないので、念のため。

ところで、どんな時でもどんな相手にも、最大限の愛念を出し続ければ良いのかと言えば、仕入れを行う時などは別である。仕入条件は、なるべく自社に有利に決めなければならない。そんな時、相手に濃い愛念を向けると、高い品物を仕入れたり、返品がしにくくなったりする。いかに愛念が大事とは言え、これでは会社は成り立たない。

こんな時は愛念の濃度を薄くする必要があるのだ。薄い愛念を持って仕入先と接する。ただし、愛念をまったくなくしてしまうと冷淡な氷のような人間になってしまう。いかに憎まれ役とは言え、このような人間が仕入担当では取引先も嫌になってしまうだろう。

いかに商売とは言え、血も涙もないのでは結局うまく運ばない。先方も無理を聞いてくれなくなる。そんな時に適度に薄い愛念を持って、こちらから見て四分六分程度の割合で折り合いがつくようにしなければならない。

「仕入先もやっていけるような適切な価格の掛け率、数量、条件で取引が成立しますように」と。

そうやって愛念を調節しておかないと、こちらがやられてしまうのだから。

解雇する時も、必ず愛念で行うことだ

ところで、人事を扱う経営者はどのように愛念を持つべきだろうか。いい社員を抜擢する場合ならば問題はない。濃い愛念をもって接するほど社員は喜び、仕事にもこれまで以上に励むだろう。

しかし、これが逆の場合、悪い社員を左遷したり解雇したりする時には愛念を薄くする必要がある。

いかに悪い社員でも、最初からそうだったという者は少ないはずだ。また、悪い社員だからといって、すべてを否定することはできない。人は些細なことで良くなったり悪くなったりするものなのだ。女や酒、博打などで狂ったり、傲慢になったり、あるいは嫉妬心からライバルといがみ合ったり。そんな時、経営者は「泣いて馬謖《ばしょく》を斬る」必要がある。

これは濃い愛念を持っていてはできない。辛いことではあるが、薄い愛念を持って処罰を加えなければならない。たとえ本人に責任がなくとも、会社全体から見て大きなマイナスになる場合にも同じことが言えるだろう。

その場合にも「神様、ご勘弁ください。それでも先々、彼がこれで良かったという幸せの道が開けますように」と愛念を向けなければならない。冷淡すぎると神様から罰せられるのだから。

それに、この場合には相手の人格を傷つけないように十分な配慮をする必要がある。たとえ最も重い解雇という処分を下す時でも、絶対に相手の人格を無視してはいけない。解雇の理由は性格や性向にあるのではなく、あくまでも事務的な問題なのだと相手に理解させる必要がある。人格的な理由による解雇となれば、相手に立ち直れないほどの深い傷を与えてしまう。

そうではなく、あくまでも優しく言い含め、人格を傷つけないように辞めさせてあげる。これが最低限度の愛というものなのである。

第五章　未来に起こる危機回避法

今の経営状態は、三カ月前に原因あり

拙著『会社は小さくても黒字が続けば一流だ』（たちばなビジネス新書／たちばな出版刊）に詳しく述べたが、売上が落ち込んだ月というのは、実はその三カ月前から営業結果に現れている。ラウンド件数が少ないとか、訪問件数が少なくなっているとか、受注が少なくなっているという兆しが必ず出ているはずだ。

そうした兆しはなにも数字に現れるものだけとは限らない。たとえば、末端の係長や課長や社員の間でトラブルがあるとか、対人関係でやる気をなくしていたり、どこか他の方の業種に流れていっているとかいうのは、必ず三カ月前に原因がある。それが三カ月後に売上の落ち込みになって現れてくるのだ。

さらに、年商が落ち込んだときやライバルに負けそうになったとき、また、脱皮が遅れているという場合には三年前を見れば必ず兆しがある。

例えば、その時点で新しい素材が開発されたり、新しいやり方が試みられていたのに、それを研究して取り入れることを怠っていたとか。これが三年後の困窮となって現れてきているのだ。三年前の時点でそういうものを素早く取り入れて

いた同業者があれば、三年後には抜かれて不思議はない。

バブル経済の崩壊のときでも、すべて三年前に警告が出ていた。また、三カ月前には大きな直接的な兆しが出ていた。それをパッといちはやくキャッチして、舵取り方向を変えて脱皮、転換を行った経営者は、バブルが崩壊してもビクともしなかった。こういう経営者なら、どんなマーケットの変換期でも乗り遅れずに勝ち残っていける。

この三年というのは、私が様々なことを体験してきた中で体で感じている一つの尺度である。天地の一つの法則と見てまちがいない。

好調な時はさらに研究せよ！　そして不調な時は焦るな！

私自身、調子のいいときこそ研究を怠らずに、次々に新しいものを生みだして新しい会社を作り、新しい自分に脱皮するようにしてきた。陽にあって浮かれず、地盤、基盤を固め、なおかつ新しいものに取り組む。これ、陽極まりて陰の過ごし方である。

逆に不調な陰の極まりのときは、素直にやられている。水に溺れたときのことを考えていただきたい。溺れまいと思って騒ぎたてればたてるほど、こむら返りしたりどんどん溺れてしまい、ついには死んでしまう。

そうではないのだ。溺れたときというのは、黙って水に身を任せる。すると、スーッと体が浮いてくる。もともと人間の体はそういうふうになっているのだ。「どうぞ、水さん、波さん、海や川や湖よ、私を殺してくれ」と、黙って身を任せると、体がプクーッと浮いてくる。それをパニックに陥って必死でもがくから溺れ死んでしまうのだ。

釣りに例えれば鯛を釣りに行っても釣れるときは釣れるし、釣れないときには釣れない。困難を乗り越えて「鯛を釣ったあ！」というときもあれば、一生懸命鯛を釣りにきたけれど、嵐で、あるいは船酔いで一匹も釣れないまま帰っていくときもある。

そんなときでも、これも鯛を釣る釣りの楽しみだと、腐りもせず、怒りもせず、呪いもせず、またニコニコと船酔いしながらでも帰って行く。これが鯛を釣る釣り師の心構えであって、何でもかんでも困難を乗り越えればいいというものではない。

どうしても乗り越えられないときには、乗り越えないまま休んでいたらいいし、天の意思を受け取って、黙って引っ込んで、静養し、休養してもいい。その間に英気を養い、知識を養い、経験と人脈を増やしながら、溜めの時期を持てばいい。脱皮とジャンプ、精進努力が必要なのはもちろんだが、こういう陰の精進努力があってもいいのだ。こういう陰の時期を、腐らず、折れず、めげず、投げないで過ごし、次へのジャンプにしていく。また、それを逆手に取って、明るく前向きに考えていくことだ。

打たれているとき、打ちひしがれているとき、負けているとき、落胆しているとき、失業しているとき、倒産したときなど、そういうときには素直に打ちのめされればいい。頑張って精進して越えて行くというときと、どうすることもできないというときがあるのだ。

両親を亡くすとか、子供を亡くすとか、自分の努力と精進では超えられないような、圧倒的な困窮と困難に遭遇したときは、気持ちだけはもう絶対に明るく前向きでいる。気持ちまで落ち込ませてしまえば、地獄のどん底。そう、気持ちだけは明るく、心までは浸食されないようにして、黙って困窮の中に順応していったらいいのである。

陰極まれば必ず陽に転ずる

「朝の来ない夜はない」と言うように、困窮と失敗と屈辱感に打ちひしがれても、明るく、伸びやかな心で素直に負けていればいいのだ。素直に困窮していたら、やがて必ず、前向きな努力が実るときがやってくる。

陰極まりて陽なのであって、そういうときは、実は幸運と発展の陽の始まりである。やがて必ず夜明けがきて、やがて必ず支持し、応援してくれる人が現れて、発展し脱皮しジャンプする糸口を福の神が授けてくださるのだ。

易経でいう「一陽来復」の境地。陰の極まりのときに、陽が一つパッとやって来る。十二月の冬至のときの卦は、乾も坤も陰が極まったあと、坤の一番下のところに陽がパッと一つ現れるのだ。一陽が回復する。これから冬に入っていくという冬の真っ只中の十二月の二十二、二十三日に、実は春の兆しが始まっている。

これを「一陽来復」と言うのである。

これとは逆に、陽極まりて陰となるのが夏至。これから夏を迎えようという、一番日が長いこのときには、坤の一番下に陰が始まって、すでにもう冬が始まっている。すなわち、落ち込みと凋落と衰運の兆しが始まっているわけだ。幸せの極致、繁栄の極致のときに、衰運と衰退と困窮の冬がすでに始まっているということである。

だから経営者、上に立つ人間、為政者は、盛運の極みで調子がすこぶる良く、なんでもスイスイ行っているというときに、すでに翳《かげ》りと衰退の兆しが始まっていることを察して、己を慎み、節欲をして、新しい研究、新しい努力、新しい困窮、苦しみというものをあえて選んで研鑽努力を怠らないことだ。

誠心誠意ことに当たって、人の意見も聞き、増長魔にならないよう、傲慢にならないよう、時代と人々の心の変化を読み取れなくならないように、謙虚に精進努力を積み重ねていく。

こういう「一陽来復」の方程式を分かっている人は、経済の分野で言えば、繊細でシビアなマーケティングの目と研究を怠らないで、次へのステップを周到な心で準備する。組織、運気、自分の性質、考え方、知識、時流、そのすべてに、陽の極まりのときに必ず陰が始まっていると見てとれるからだ。

だから、組織の隅々まで目をいき渡らせて新しい研究をし、人の意見を聞いて、組織の緩みを警戒していく。心に緩みがなく、油断がない。その結果、盛運、幸運、隆盛が次々と続いていって、永遠に滅びることがない。これ、修養の賜物である。また、そういう目を持っていることが、経営者の資質、能力、才能、実力と言っていい。

真人《しんじん》は、幸運期も不運期もまったく変わらない

そうでない人間は、調子がよく、運気のいい時期に、うまくいっていることに心を奪われていたずらに浮かれてしまう。すでに、翳《かげ》りと衰退が始まっていることに気づいていない。目の前の成功に、己を失っているのだ。その結果、その裏ですでに始まっている陰に気づかず、後で手痛いしっぺ返しを食らうことになる。

陽の極致にあるとき、普通の人間は一〇〇人が一〇〇人、すべてそうなると思っ

ていい。

さっきの言葉を思い出していただきたい。たとえ会社が倒産の危機に直面したり、倒産してしまっても心まで倒産してはいけない。明るく前向きでプカーッと身を任せて溺れていたらいい。そしてゆっくり助けが来るのを待つのもいいし、ゆっくり泳いで岸まで行けば、やがて陸に上がれる。

繰り返す。困窮の極みというのは幸運、福運の始まりである。この天地の法則が分かっている人は、他人から憐れまれるような境遇に落とされているときでも、しっかりと幸運、福運の芽を見る目を持っている。同時に、やがて、それが芽吹いて大きくなっていくこともしかと見抜いているのだ。これこそ、大人の目、成熟した目、秀でた目である。

信仰心と道心がある人は、困窮の極みにあるとき、そういうふうに過ごせなければいけないし、また、そういうふうに過ごせるはずだ。

松下幸之助もそういう人だったと思う。貧乏と病弱と無学歴という環境にそのまま身を任せて、逆にそれを利用した。自然体で環境に身を任せながら、心が明るく前向き。さすがにすごい御魂である。

これも、松下幸之助氏が抜群の信仰心を持っていたからだ。彼は毎年、石清水《いわしみず》八幡宮《はちまんぐう》に詣でて所信表明をして、神様が降りてきたときのひらめきをパッと受けて実行に移してきた。あそこまでの成功は、まさに神人合一の経営を実践した成果だったのだ。

荘子の言葉にある。

「真人《しんじん》というのは、衰運期、不幸な境遇の中にあっても平常心を失わず、淡々とこれを受けて、精進努力を怠らない。己を見失うこともなく、絶望することもなく、ただ淡々と不遇なるときを楽しんで、精進を怠ることなく、これを過ごしている。

そして、功成り名を遂げ、自分が調子が良いとき、幸運、盛運のときは増長魔にならないように己を冷静に見つめて精進を怠らない。幸運のときも衰運のときも、調子の良いときも調子の悪いときも、真人というのはまったく変わらないのだ。その修養の日々、お天気の良いときも悪いときも変わらずに心を定めて、揺れ動かされず、前向きに明るく生きていく。これ、誠の真人なり」

私もいつもこの荘子の言葉を思い出すようにしている。困窮のとき、困難のとき、失敗のとき、絶望のとき、真人というのはこんな環境でも決して己を見失ったり絶望したりせずに、淡々と為すべきことをして精進を怠らない。

また、真人というものは、盛運、調子の良いとき、自分というものが評価され認められて一切の運気が開花したときも己を見失うことなく、増長魔になることなく、謙虚に己を顧みて精進を怠らない。

私は荘子のこの言葉を、自分の心の座右の銘としてつぶやいている。松下幸之助氏も真人だったにちがいない。私もそう心がけて、「真人というものは、真人というものは」とつぶやきながら、そういうふうに自分を正している。

真人というのは、神様の道に生きる本当の意味での信仰心を持ち、天地の法則、神様の法則を理解している。そういう真人の日々を二十年貫いたときに、まさに神様が現れて絶大なる守護をして福徳の極みを与えてくれる。

「汝こそが神を動かす人、神人である」

と、繁栄と成功を極めてくれるのである。

深見東州（半田晴久）Ph.D.

株式会社　菱法律・経済・政治研究所
代表取締役社長。

1951年、兵庫県生まれ。

カンボジア大学総長、政治学部教授。

東南アジア英字新聞論説委員長。

東南アジアテレビ局解説委員長。

中国国立浙江工商大学日本文化研究所教授。

その他、英国、中国の大学で客員教授を歴任。

社団法人日本ペンクラブ会員。現代俳句協会会員。

声明の大家（故）天納傳中大僧正に師事、天台座主（天台宗総本山、比叡山延暦寺住職）の許可のもと在家得度、法名「東州」。臨済宗東福寺派管長の（故）福島慶道師に認められ、居士名「大岳」。

国内外に十数社を経営し、実践派経営コンサルタントとして多くのシンポジウム、講演会を主宰、経済・政治評論活動を行っている。

人生論、経営論、文化論、宗教論、書画集、俳句集、小説、詩集などの著作も多く、『「日本型」経営で大発展』、『UNDERSTANDING JAPAN』や、188万部を突破した『強運』をはじめ、文庫本を入れると著作は300冊以上に及び、7カ国語に訳され出版されている。


（2022年7月現在）

たちばなビジネス新書

誰でも考えるような事をやめたら、会社はうまく行く。
普通じゃない経営しよう！

平成二十八年九月三十日　初版第一刷発行
令和四年十二月二十五日　初版第三刷発行

著　者　深見東州
発行人　杉田百帆
発行所　株式会社　ＴＴＪ・たちばな出版
〒167-0053
東京都杉並区西荻南二丁目二〇番九号
たちばな出版ビル
電話　〇三-五九四一-二三四一（代）
FAX　〇三-五九四一-二三四八
ホームページ　https://www.tachibana-inc.co.jp/

印刷・製本　萩原印刷株式会社

ISBN978-4-8133-2539-0

スーパー開運シリーズ

各定価（本体1000円+税）

●188万部突破のミラクル開運書―ツキを呼び込む四原則

強　運

深見東州

あなたの運がどんどんよくなる！
仕事運、健康運、金銭運、恋愛運、学問運が
爆発的に開ける。神界ロゴマーク22個を収録！

●84万部突破の金運の開運書。金運を呼ぶ秘伝公開！

大金運

深見東州

あなたを成功させる、金運が爆発的に開ける
ノウハウ満載！「金運を呼ぶ絵」付き!!

●39万部突破。ついに明かされた神霊界の真の姿！

神界からの神通力

深見東州

不運の原因を根本から明かした大ヒット作。
これほど詳しく霊界を解いた本はない。

●29万部突破。現実界を支配する法則をつかむ

神霊界

深見東州

人生の本義とは何か。
霊界を把握し、真に強運になるための奥義の
根本を伝授。

●39万部突破。あなた自身の幸せを呼ぶ天運招来の極意

大天運

深見東州

今まで誰も明かさなかった幸せの法則。
最高の幸運を手にする大原則とは！